テキトーに生きてる人は「死にたい」とは言わない

あなたが死にたいのは、死ぬほど頑張って生きているから

精神科医
平光源

サンマーク出版

あなたが死にたいのは、
死ぬほど頑張って生きているから

イントロダクション

あなたのすごいところを私はよく知っています

突然ですが、あなたのすごいところを知っていますか？

私は、よーく知っていますよ。


夫の帰りが遅くて心細い。または、夫が単身赴任で自分も寂しいのに、なかなか言うことを聞いてくれない子供をよくここまで育ててくれましたね。

文句も言わずに朝から晩までご飯を作り、掃除や洗濯を毎日毎日、愚痴も言わずに頑張ってくれました。

姑の介護を1人で抱えて、一生懸命やっているのに周りから色々と文句を言われ傷つくだろうけど、文句を言われるのは一番身近で介護をしている証拠です。

子供が大きくなってくれたのは、そして家庭が回っているのは、あなたの美味しいご飯と、無償の愛のおかげです。

当たり前と誤解していたけれど、実は当たり前ではない。

本当に素晴らしい奇跡です。ありがとうございます。


あなたは、働くのも限界なほどボロボロなのに、厳しい上司や、腹の立つ取引先に頭を下げながら、汗水たらして働きました。

そして、その給料のほとんどを家に入れ続けてくれるおかげで、住宅ローンが払えて、食材が買えるのです。

その責任感は本当に素晴らしい。

あったかいお家とご飯は、あなたのおかげです。こんな真似はなかなかできません。本当にありがとうございます。


友人がいなくて、孤独感から学校に行けないのに、頑張って家で勉強しているあなたの忍耐力は本当に素晴らしい。

夢がなかなかかなわずに、浪人生になって、それでも夢をかなえようとしているあなたの精神力は本当にすごい。

孫のために大切な年金を大事に取っておいて、質素な食事で我慢して、自分のためより孫のために使ってくれているあなた。

その愛の大きさに頭が下がります。本当にありがとう。

一人親で嫌な思いをいっぱいして仕事から帰ってきても、家事に追われ、へとへとに疲れても、短い睡眠時間で頑張って子供を育てているあなた。

そんなあなたは、子供にとって太陽です。迷える子供の道を照らしてくれて本当にありがとうございます。

繊細で傷つきやすいのに、人に気を使わせないようにいつもニコニコしているあなた。

「悩みなんてなさそうでいいねー」と言われながら、人一倍悩んできたんですよね。そんな様子を1ミリも見せないあなたは、真の頑張り屋さんです。

本当にすごい。ありがとう。


親が忙しくて家のことが十分できない時に、親の代わりに、きょうだいを世話してくれるあなた。

あなたの愛は、もう地球のような無償の愛で溢れています。

同じ子供同士なのに、親代わりを当たり前のようにできるのはすごいことです。本当にありがとう。


親があまり家にいなくて大変なのに、世話をしてくれたり、嫌われるのを覚悟で下の子を注意してくれたりするあなた。本当にありがとう。あなたがいたから、この家は成り立っていたんですよ。

家の中がギスギスして、空気が悪くなっていると、あなたは上手に両親の機嫌を取って、親と張り合っているお兄ちゃんやお姉ちゃんの間に入って、和ませてくれましたよね。

あなたが潤滑油のような役割を果たしてくれたからみんな助かっていましたよ。偉かったですね。すごい。

他にも、あなたのすごいところはいーっぱい、ありますよ。

「意志が弱くて情けない」と落ち込んでいる君。

そんな君は、誰よりも優しく、周りの意見を聞いてからバランスを取って行動できる素晴らしい能力を持っているね。ありがとう。

あなたは「頭が固い」と言われるけれど、そのちょっとやそっとで意志を曲げない強さで多くのことを成し遂げてきました。

誰もが真似できることではありません。

本当にすごいことだと思います。


あなたは気が弱いのではなく、繊細で相手の気持ちが分かるのです。遠慮してしまうだけです。

そう。常に相手を優先させる優しい気持ちの持ち主なのです。その優しさに多くの人が救われてきましたよ。本当にありがとう。


本当は苦しくて、死んでしまいたいのに我慢して、今日まで生きてきてくれたあなた。

そして、いま、ヘトヘトなのにこの本を手に取って読もうとしてくれています。

その頑張り、本当に素晴らしいですよ。

本当にすごい。本当にありがたい。
今日も生きているみなさんにこれだけは言いたい。
これだけ伝えられるなら、もうここで本を閉じてもらっても本望。

いいですか。
あなたは本当にすごいです。

そのすごさ、頑張りを思い出してください。
そして、どんなにつらく、苦しいことがあっても忘れずにいてください。
大したことがないとか、ポンコツだとか思わないでください。

何度でも言います。

あなたは本当にすごい。
そして素晴らしい。

はじめに

この本を書店で手に取ってくれた方は、いまどんな気持ちでいますか？

経済的なこと、職場の問題、親と子の関係。
様々な問題の中で、地獄にいるような気持ちで、死にたくて、この本を手に取ってくれたのかもしれません。

あなたはなぜそんなに死にたいのでしょうか？
なぜこんなにも生きることがつらいのでしょうか？

精神科医としてもずっと答えを出せずにいたこの問いに対して、ある日、患者さんとの面談から大きなヒントをいただきました。

その方は、42歳の専業主婦です。

この方は田舎の大きな農家の長女として生まれました。
両親は農業に忙しく、厳格な祖母に育てられました。
その祖母は小さい頃からしつけがとても厳しかったといいます。

「みっともないからちゃんと服を着なさい」と何十回も着替えをやり直しさせられたり、食事の前に「箸の持ち方がおかしい」と右手を何度も叩かれ、ひどい時には食事をさせてもらえなかったりと、そのしつけは虐待といっていいレベルのものでした。

中学に入っても、「あんたみたいに頭の悪い子を塾に行かせたら近所に笑われるから塾に行くな」と塾に行くのをやめさせられたり、修学旅行で買った浅草のお土産も、「私と趣味が合わない。無駄金を使ったね」とゴミ箱に捨てられたりすることもあったそうです。

そのような状態で、常に祖母の顔色をうかがって生きてきた彼女は、自然に**「生きるということは、相手を不快にさせないように、相手の顔色を見て、それに上手に合わせること」**だと思うようになってしまいました。

そして、同時に、祖母の血の流れている自分を呪い、「できるならこの汚れた血を全部入れ替えたい。それが無理なら、体ごと滅ぼさなくてはいけない」と強く思うようになっていきました。

その後、「こんな駄目な自分だから、生きているならせめて、人の役に立ちたい」と看護師の資格を取って病院に勤務し、結婚して2児の母親となりました。

祖母に育てられた幼少期とは打って変わって、順風満帆な人生にも思えました。

ところが……。

明るくて人当たりがいい彼女はどんどん病棟で頼られるようになり、それに嫉妬した病棟師長からパワハラを受けるようになりました。

その結果、28歳で不眠症を発症。

その後、仕事に集中できず、職場に行く意欲もなくなり、近くの精神科病院を受診し、重症のうつ病の診断で入院治療を余儀なくされました。

退院後も薬物治療が続けられましたが、なかなか症状の改善が見られず、結局パワハラのやまない仕事は辞めて、家庭に入ることに。

しかし、彼女を待っていたのは明るい未来ではありませんでした。

夫も、仕事のミスをきっかけにアルコール依存症、ギャンブル依存症で心身のバランスを崩してうつ病を発症したのです。

夫は仕事に行けずに休んでいる間、現実逃避のためにパチンコざんまい。

お金がなくなると当たり散らされ夫婦喧嘩。その勢いで家を飛び出しパチンコに行く、という悪循環を繰り返しました。


娘も息子も発達障がいの傾向があり授業についていけず、また友達とのコミュニケーションの問題もあり不登校になりました。


日中は不登校の子供の世話。

夜はアルコール依存症の夫の世話。

もう彼女には精神的に休む暇なんてどこにもありません。

それでも、奇跡的に空いた時間ができ、リビングで横になっていると、追い打ちをかけることが起きました。

子供たちに、「私たちはゴロゴロしていると学校に行けと言われるのに、なんでお母さんはゴロゴロ寝ていて許されるの?」と責められ、

夫にも、「お前も家のことをやらないなら、俺も何もやらない」と責められ、なんとも心ない言葉が投げつけられたのです!

心の荒廃は、家の荒廃につながり、うつで意欲が出ないことも手伝って家はゴミ屋敷のようになっていきました。

日々の生活がとても苦しく、この生活から逃れることができたらどんなに楽かと「このまま、寝たまま目が覚めずに死ねますように」と毎日寝る前に祈るほど、生きることに絶望していました。

なんとか治療をしてあげたいと思い、様々な方法で寛解を目指したものの、効果がありませんでした。

なかなか良くならない状態なのに、私を信頼して車で約1時間半かけてクリニックに来てもらうのが心苦しく、彼女が来る日は次第に気が重くなっている自分に気が付きました。

そんな状態で私が主治医となって10年目のある日。

患者さんが「もう死にたい」と口にしました。

そんな彼女に対し、いままでのことを思うと、とても「そんなこと言わないで」とか「生きなさい」と言う気にはなれず、思いがけない一言が私の口からこぼれました。

「死んでもいいよ」

その瞬間、一瞬主治医である私にも何が起こったか分かりませんでした。
ところが、びっくりしたように丸くなった彼女の瞳から、堰を切ったように大粒の涙がこぼれ落ちました。

この時、気づいたのです。

この方は、物心ついた時から祖母の「立派であらねば生きる価値がない」という呪縛に縛られ、
15年という長い間うつという病気に縛られ、
駄目な夫を支えるけなげな妻という役割に縛られ、
発達障がいの子供の世話を笑顔でこなす良い母親という役割に縛られて生きてきたということに。

彼女は、そんながんじがらめの人生から逃れたくても、生きてその責任を引き受けなくてはならないというプレッシャーを背負って過ごしてきたのです。

それが言葉は正しかったかは分からないけれど、私が発した「死んでもいいよ」の一言で、たった一瞬でもその重荷を下ろすことができた。

そして、彼女の表情が柔らかく、心なしか晴れ晴れしたような穏やかさを得たことはまぎれもない事実でした。

そののち、少しずつですが彼女の病状は好転していきました。

まずは、子供の発達障がいに関して。

保健室の先生と親密に連絡を取り合いボランティア団体にも協力してもらうようになり、1人で抱え込むことをやめました。

続いて祖母との関係。
お中元に贈ったお菓子に対し、「こんなまずいものは食べ物じゃない」と食べかけの歯形がついた饅頭がそのまま送り返されてきたことをきっかけに、「もういいな」と連絡を取ることをやめました。

最後に夫の病気との向き合い方について。
主治医と相談し「妻として支えること」と「夫が自分ですること」を明確にして、必要以上に依存させることをやめました。

「自分が全てを背負って生きていかねば」と40年かけて背負い込んだ重荷が「自分が死んだ」と思って行動することでどんどん解放されていったのです。

それによって必要だった薬は少しずつ減っていきました。

――1年後。

笑顔で診察室に入ってきた彼女は、私にこんなことを言ってくれました。

「先生に、1年前に『死んでもいいよ』と言われた時に、なぜか私の心がストーンと軽くなったんです。

そのあと、じゃあなんで私は死なないでこんなに頑張っているのだろうと考えました。そうしたら、子供の頃に、自分に自信がなくなってしまっていたので、『頑張っていたらいつか認めてもらえる。頑張っていないなら認めてもらえない』と勝手に思い込んで生きてきたことに気が付きました。

先生が、『死んでもいいよ』と言ってくれたおかげで、『認めてもらえなければ生きる価値がない』という私の呪いが解けて、『ただ生きていていいんだ』と思えるようになりました。

人がどう思おうが関係ない。

学校に行けない娘を『愛してる』と言って抱きしめたい。
発達に問題があっても頑張って勉強している息子をほめてあげたい。
夫とずっと笑い合っていたい。
そうして自分を幸せになって良かったねとほめてあげたい」と。

人は、何かをしているから価値があるのではありません。
その存在自体に価値があります。

でも多くの人は、「この世の結果」にこだわってしまいます。

彼女も、「人に認めてもらうことが、生きる唯一の価値」だと思っていたので、
認められない自分はずっと死んだほうがいいと思っていました。

うまくいっていたら良くて、失敗したらおしまい。

だから成功を求めて、無理をして消耗して、イライラして、罪悪感を感じる。
そして結果が出ない敗北感が続くと時には死にたくなります。

でも、私たちは成功するためや、勝つために生まれてきたわけではありません。
人に良く思われるとか、認められるということは生きることには関係がないのです。

まずは、あなたが背負っている、生きていることで背負った重荷を手放してみましょう。
この本では、そのためのたくさんのヒントを4つの章に分けて書いてみました。

もしそのヒントによって、
少しでも心が楽になったら、
心の泉に温かい水が溢れてきたら、

その水が溢れて頬を伝って流れてきたら、
それは本当は「生きたかったんだ」という心のサインです。
この本が、生きる希望になったら本当に嬉しいです。

精神科医　平光源

「あなたが死にたいのは、死ぬほど頑張って生きているから」 目次

第1章 あなたが死にたいのは、死ぬほど頑張って生きているから

第2章 ∞ 弱い自分をそのまま愛する。それが本当に強い人

第3章

心だけでも、新しい自分に生まれ変わる

第4章 ∞ 生きている人ができることは、生きること

第1章

あなたが死にたいのは、死ぬほど頑張って生きているから

輝ける場所

あなたは日本が誇る高級食材の「まつたけ」です

心療内科・精神科で聞く悩みごとで一番多いものは、「職場のストレス」です。

「ガテン系の職場なのでみんなの口調が荒っぽくて怖い」とか、

「地元の企業を応援したくて銀行に入ったが、やっていることはノルマを与えられ、投資信託を無理に売りつけることで嫌になる」とか、

「みんな口が異常にうまくて、営業成績が良い。それに比べて自分は口下手で営業成績が上がらず、罪悪感でつらい」とか、

本当に様々な悩みで職場に行くことが難しくなっています。

この状態が進んだ、日曜日の夜。

「明日の職場のこと」を考えて眠れなくなったり、職場に行こうとしたりすると、動悸や嘔気が症状として現れるんですよね。

こうして出勤が困難になると、心療内科や精神科で、「適応障がい」という診断が下ってしまうのです。

あなたも、職場でうまくいかず、「職場を辞めたほうがいいのか、辞めないほうがいいのか」と本気で悩んで、この本を手に取った1人かもしれません。

さて、私のクリニックの話はここまでにして。

突然ですが、あなたは「まつたけ」なんですよ。

繊細で優雅ともいっていいぐらいの味わいや、かぐわしい香り、あなたは素晴らしく価値があります。

その貴重さには誰も文句をつけられません。
あなたの素晴らしさに、きっとまいたけは舞を舞い、エリンギは歯ぎしりして悔しがるかもしれません。

想像してください。
あなたを見つめるお客様の目を。
みんなうっとりしてあなたを眺めていますよ。

そこのおじさんなんか、あなたに手を合わせて拝んでいます。あなたは、日本料亭界の食材の最高峰、唯一無二の存在なのです。

……でも、あなたは何を思ったか、インド料理屋に就職してしまいました。
そこは想像を絶する別世界。
そう。まつたけの風味を壊さないように、出汁のかつおぶしの分量をわざと抑えたり、煮込みすぎないようにギリギリのタイミングを計ってくれたりする職人はいませんでした！

それどころか、インド料理のスパイス軍団、独特のきついほろ苦さのターメリック部長や、特有の渋みのあるウコン常務、癖の強すぎる羊肉係長と一緒に、1日8時間ぐつぐつ煮込まれてしまいました。

あなたの味も、香りも空の彼方へ。
食感もくたくたになってしまいました。
それどころか、このお店に食べに来るお客さんは、あなたをエリンギと間違える人もいるのです！
なんということでしょう。

全く活躍できないまつたけのあなたはとても焦るかもしれません。

自分には価値がないと罪悪感を感じるかもしれません。
しかし、ここで自分の価値を否定して罪悪感を感じる必要はありません。
さらに職場の環境までも否定して、怒りを感じて裁判所に訴える必要もありません。

インド料理にも4千年の歴史があります。
暑くて食材が腐りやすく、感染症や伝染病を予防するなど、ちゃんと理由があってあの料理法がとられるのです。

大切なことは、何かうまくいかないことがあった時に、良い・悪いの2択で悩まないこと。

ただ合わないだけということがあるのです。

ケチャップは「イタリア料理」の世界ではスターでも、「和食」の世界には合いません。

短パンとマリン柄のポロシャツは、海のバカンスには合うけど、講演会の演者の服装には合いません。

違和感を感じたり、何かがうまくいかなくなったりする時。

「正しいか正しくないか」の判断に固執せず、自分も否定せず、周りも否定せず、ただただ「違うんだなあ」とその違いを味わってください。

そうしてその場所で、エリンギと仲良くおんなじキノコさんとして、「置かれた場所で忍耐強く咲く」ことも正解。

逆に、「やっぱり私の居場所はここではない」と、いまの環境に感謝しつつ、罪悪感を感じずに、自分が一番輝ける場所を探して、自分を一番生かしてくれる運命の料亭に出会うのも正解です。

どちらが正解かではなく、どちらも正解です。
自分の選んだ正解を楽しんで進んでくださいね。

あなたはまつたけ。だけど、
たまたま選んだ場所が、
インド料理屋だった
だけかもしれない。
あなたの輝く世界は
必ず存在する。

全部マル

「死んじゃだめだ」という制限すら一度外す

この本を書くにあたって避けて通れない「ある男性」との対話について書きたいと思います。

その日は彼にとって3回目の浪人が決定した日から49日後。

GW明けの予備校に通学する日でした。

朝8時に開く代々木ゼミナールの自習室の座席を取りに向かうために、駅のホームにて地下鉄を待っていました。

高校1年生の時、父親が胃がんになり、母が単身赴任先に出向いてから、ほぼ一人暮らしの生活が始まった彼。
慣れない一人暮らしで成績も急降下。
360名が在籍する学年で348番まで順位を落とすと、やる気もなくなり、年に30日以上休む、いわゆる不登校の状態になっていました。

しばらくののち。心を入れ替え、医学部受験に本腰を入れるも、医学部入学はそう簡単でもなくあえなく浪人生活に至りました。

一浪で合格しなかった彼は、二浪目では1日15時間、風呂場にA4クリアファイルをセロハンテープで目張りした英単語一覧を持ち込んでまで、文字通り死力を尽くして勉強しました。

ですが、「医学部合格」へのハードルは高く、あえなく受験は不合格。
自分の実力を100%発揮してもかなわなかった夢に、心はボキッと音を立てて折れたのです。そこからは心も体も鉛のようにどんよりと黒ずんで、一歩も動けなくなりました。

それでもなんとか挑んだ三浪目。

予備校では医学部クラスの多浪生は「予備校の主（ぬし）」と呼ばれて馬鹿にされます。ですから、チューターが配慮し、彼を東大・京大クラスへと変更させました。

予備校に行っても、思考力も理解力もなく、ただ授業に出るだけで何も頭に入らない状態。

時間だけがむなしく過ぎていきました。

多分、彼は動物として体は動いていましたが、人間としては死んでいました。

おそらくうつ状態だったのだと思います。

前の駅を発車した地下鉄の光が少しずつホームに近づいてきました。

「この電車に飛び込んだらどんなに楽だろうか」

そう考え、思わず飛び込みそうになる彼。ところがその時、48歳のおじさんが彼に声をかけました。


実はこの、48歳のおじさんこそ、現在の私です。

そして声をかけられた彼は、「誘導瞑想」という手法で過去に退行して出会った26年前の私です。

ベテランのカウンセラーの安全な誘導の中で、引き続き2人の対話は再開されました。

＊

現在の私「ひょっとしていま死のうと思っているのかな？」

過去の私「（どうして分かったのか驚いている）……！」

現在の私「それぐらいつらかったんだね。高校3年生から二浪まで、約1100日間、本当によく頑張ってきたね。偉かったね。もし本当にそう思っているなら、死んでもいいいんだよ」

過去の私「（びっくりして何を言い出すんだ、ひどい人だと少し頭にきている）」

現在の私「もし、本当に死にたかったらそのまま死んでもいい。でも、もしいま、びっくりしているなら、もう一度考えてみてもいいかもしれないよ。ひょっとしたら本心では死にたいのではなく、いまこの状態で生きるのがつらいだけなのかもしれないから。

いま、3年目の浪人で、戻るに戻れない。いまさら進路も変えられない。

かといってこのままだと、受かるかどうか分からない勉強を受かるまでずっと続けなくてはいけない。

このつらい状況を終わりにしたいのかな？

僕もその状況だったから分かるよ。生きるためにはこれを避けて通れないと思っていると、どんどんつらくなってしまう。

だから、1回死んでしまったと思って、そういう制限を全部外してみたら、新しい何かが見えてくるかもしれないよ」

過去の私「（ちょっとほっとする）でも、三浪もしてしまって、かなりお金もかかって親に迷惑をかけている。それに、幼稚園の頃からずっと思ってきたことだからいまさら変えられない気がする」

現在の私「そうだよね、いままでそれを頑張ってきたからね。でも大丈夫。

〝生きる〟というのは無限の可能性があって、いままで頑張ってきたことがうまくいかなかったとしても、いままでやってきたことは決して無駄ではないんだよ。例えば、君にはすでに膨大な時間とエネルギーを1つのことにかけられる集中力や思考力が身についている。

その能力を他のことに使えば、別のことがうまくやれるかもしれない。

世の中にはいろんな人がいる。

医学部受験で失敗したからこそ、それをバネに整体を極めて、整形外科医にも治せないような病気を治す先生もいるし、

薬に頼る精神科医にはできない真に心を癒せるカウンセラーもいるんだ。

患者さんを治したいという思いが〝本当にやりたいこと〟であったなら、医者という形を取らなくても、いろんなやり方でそれは実現できる。

医者にはなれないと絶望して死んでしまうのではなく、医者になれなくても人を救うことができるという希望を見てほしいなあ。

やり方は1つではないんだよ」

過去の私「（少し落ち着いてきて）へえ。そういうやり方があるんだあ」

現在の私「本当は人を救いたくて医学部受験をしたはずなのに、合格したらそのことに満足してしまって、本来自分がやりたかったことが分からなくなる人もいる。ただ患者さんの体の中に病名を見つけては薬を出すだけの、処方マシーンのようになっている医者もいるよ。

自分が本当にやりたいことは何かをもう一度思い出してほしい。

医学部に入ることはただの手段であって、『人を救う』という夢と全く関係がないんだ。

まずは今日ここで、いまこの瞬間に飛び降りたと思って、『医学部に入らなければ価値がない、おしまいだ』と思っている人生を終わらせてみたら？

そして、『人を救う』という本当に望む道を進めばいい。

そう考えてみたら、ワクワクしてこない？」

過去の私「〝医学部に入らなくてはいけない〟という幼稚園の頃からの重荷がなくなったら、心に血が通ってワクワクしてきたような気がします」

現在の私「だとしたら、そのワクワクを中心に据えて、もう一度挑戦してみたらいいかもしれないね。

未来の自分はどんな結果でもずっと応援しているからね」

＊

その後、過去の自分に別れを告げて、誘導瞑想の状態から、現在の自分に戻ってきました。

とても肩が軽くなったと同時に、三浪当時の出来事がずっと深層意識にしこりのように引っかかっていたことに気が付きました。

「死んじゃだめだ」という制限から、「生きなくてはいけない」という制限が生まれる。つまり、生きねばに。

生きるからには「良く生きねば」という制限が加わる。

さらに、人と人との関わりの中で、人間関係の制約が生まれて、「良く思われなければ」が生まれる。

続いて、そのための「価値を作らなければ」という制限が生まれて、自分の価値に悩み、価値がないと絶望し、死にたくなる。

もし浪人中の私と同じ状況にいる方がいるなら。

自分が本当に求めているものは何か？　それを知るために「死ぬ」ということも含めて、制限を外してみましょう。

いまあなたを制限しているすべてから解放されてみましょう。

そうすると、死んだようになった真っ黒な心に血が通いだし、再び明るく輝き始めるでしょう。

そこまできたら、自分のやりたかったことが見つかるはず。後は、その静かな情熱を大切に育てて、自分のワクワクする方向に進むだけ。

これは、キャンプで行う火おこしのイメージです。

最初は小さな火種でも、それがいずれ大きな炎となっていくのです。

そうすれば、決して気持ちが「死」に向かわないはずです。

なぜなら、私たち人間は「生」を体験するためにこの世に生まれてきたのですから。

「死んじゃダメだ」という
制限から、
生きねばが生まれ、
人は死にたくなる。
だから一度、
「死ぬこと」すら
制限を外してみる。

ネガティブの価値

プラス思考は突然変異、マイナス思考が正常

病院にいらっしゃる方から、

「どうしても不安が消せません。どうしたら完全に消えるのでしょう」

「自分はいつもマイナス思考なのですが、どうしたらいつもプラス思考ができるでしょうか？」

と相談されることがあります。


確かに、気持ちはよく分かります。

この場合、呼吸法（のちほどご紹介します）などで不安をかなり軽減させることができますし、訓練でマイナス思考をプラス思考にすることも不可能ではありま

せん。
しかし、それらをゼロにすることは難しいです。
なぜなら、自然界においては、マイナス思考が正常で標準だからです。

野生の大草原を思い浮かべてみてください。
そこには、シマウマさんの群れもいれば、それを狙うライオンさんもいます。
ここからは、みなさんがシマウマさんになったつもりで読んでみてくださいね。

あなたの近くの草が〝サワサワ〟と音を立てました。
そんな時、その音の正体を確認するまでもなく、「ライオンだ!」とマイナス思考になって、あなたは一目散に逃げるのではないでしょうか。

その行動こそ、遺伝子に刻まれた、正常な反応です。

もしその〝サワサワ〟が今回はライオンさんでなかったとします。
だけど、次回の〝サワサワ〟がライオンさんでないとは限りません。
つまり、このマイナス思考のおかげであなたは生き残れるのです。

自然界において、長生きの秘訣はマイナス思考でいることだといえます。
逆にいえば、不安・緊張警報が発令していないといざという時に逃げそびれ、すぐに食べられてしまいます。

ところが、政治が集団をコントロールし、警察が治安を守り、屋根や断熱材や空調が体を守る人間界においては、マイナス思考をしなくても、なんとか生き延びることができます。

ここで、人間は「根拠のない楽天」という特殊な感情を生み出したといえるでしょう。

ちなみにこの「根拠のない楽天」のおかげで人類は、月に到達したんですよ。

初めて月に到達したといわれる「アポロ11号」。

当時からしてみれば最新鋭のコンピューターが内蔵されていました。

ですが、このコンピューター、現代から見ると「ファミコン」よりも性能が劣っていたのです！

そんなレベルの機体で、月に行って帰ってこようなんて……ちょっと楽天的にもほどがあると思いませんか（笑）。

この本を読んでいるあなたも決して、例外ではありません。

例えば飛行機に乗ったことはありますか？　この質問には多くの方が手を挙げると思います。

では、超強化ガラスや透明の金属が発明されて、飛行機の機体が透明で外がすべて見えるようになったとしたら。

「飛行機に乗れる」と自信を持って言える方はどれぐらいいますか？

おそらく誰もいないと思います。


しかしこれは不思議なこと。

現実をきちんと見える化し、高度5千メートルを飛んでいることを正確に認識した瞬間に、それができなくなるのですから。

要はみんな「根拠のない楽天」に騙されて、安心を感じて乗っているだけなのです。


不安を感じ病院に相談に来られる方は、ある意味人間の錯覚から目が覚めて、野生の本能を取り戻し正常化した方です。

突然変異のプラス思考から、生物的標準のマイナス思考に戻った方です。

これを治すということは、「根拠のない楽天」という夢の世界にもう一度入り込むこと。その自覚がないと、「正常になるために頑張ってプラス思考をしなくては！」とむなしい努力をすることになります。

マイナス思考は正常です。

さらにそこから発せられる命を守る不安・緊張警報も正常です。

だから、それを持ち続けてしまう自分を否定しないでください。

その上で、「私」という個人を危険から守ろうと、警報を出し続けているその体に、

「私を危険から避けようと頑張ってくれているのね。ありがとうね」

と感謝してみてください。

胸の中央、心臓の部分を心に見立て、不安・緊張警報を出して必死に私を助け

ようとしている心を優しくなでてあげてください。

肯定されたマイナス思考は、大丈夫と肯定されて安心するので、不安・緊張警報は次第に落ち着き、本当の自分に返ることができます。

マイナス思考は、
あなたのせいじゃない。
遺伝子に組み込まれた、
極めて正常な反応である。
だから、ネガティブで
落ち込む必要はない。

世間の常識

すべては思い込み、だから現実は変えられる

この間、患者さんに結婚の悩みについて相談されました。

お付き合いをスタートさせて3年が経つ。

結婚したいが、お互い一人っ子で両親がその姓と家を継ぐことを強く求めているので、結婚に反対されている。

そのため結婚できないと悩んでいらっしゃいました。

また、独身女性で他に身寄りがなく、自分が死ぬ前に墓じまいをしなくてはいけないと悩みを打ち明けられたこともありました。

自分が結婚できずに、墓を終わらせなくてはいけないことに罪悪感を感じてい

るようでした。

私はこの2人の話を聞いて、「なんともったいない！」と思ってしまいました。

なぜなら、そのカップルとその両親、そして墓じまいに悩む患者さんも、みんな思い込みに支配されていたからです。

いまから200年後の日本の人口ってどれぐらいか知っていますか？

なんと、1600万人です。

これは現在の人口のわずか8分の1です。

「佐藤」や「鈴木」の姓は残っているでしょうが、多くの姓はなくなっているでしょう。

例えば日本で稲作が始まったのが、2100年前なのか1900年前なのか、当時を生きた人には超重要な出来事ですが、未来に生きる私たちからしたら200年なんて誤差の範囲です。

2221年にどのみちなくなる姓なら、別に2021年になくなってもいいかもしれません。

また、3000年後には日本の人口は2000人になるといわれています。

そこまでいったら、墓じまいどころか、日本がおしまいですから、お墓のことなんて考えなくてもいいでしょう。

私たちは、「多くは望まないからせめて人並みの生活をしなさい」と親から思い込みを伝えられて生きてきました。

「多くは望まないからせめて大学は出ておきなさい」

「せめて結婚はしなさい」

「何歳までには結婚しないと恥ずかしい」
「私の代で姓がなくなるのは許されないからあなたは婿を取りなさい」
「離婚は恥だから我慢しなさい」
「家庭をつくるならせめて正社員になりなさい」
「せめて子供は2人ぐらいつくりなさい」

これらの発言はすべて、実際には単なる思い込みです。

例えば、3組に1組は離婚して、結婚しないと決めている独身の方が30%。

派遣やパートが1700万人で年々正社員の割合が減り、5組に1組のカップルが不妊治療をしていて、それでも出生率は1・23。

当然、2を下回ると日本の人口はどんどん減っていきます。

親の「せめて○○」の意見は、30年前には一般的だったのかもしれません。

しかし、産業構造の変化や女性の社会進出、高度のIT化など、時代の変化のスピードは速いため、10年前の常識は、もはや常識ですらなくなっています。

「家を守るために結婚をするべき」とか、
「子供をつくるべき」とか、
いまの世の中では現実に難しいことを、「せめてこれぐらい」とか「せめて人並みに」と言われると本当につらくなってしまいますよね。

先ほども言いました。
これらすべては思い込みで、「過去はこうだった」という、ただの歴史にすぎないのです。

親や祖父母が語る過去の常識にこだわって、実現困難な思いにとらわれて、い

まを生きられないことほどもったいないことはありません。

いま、この瞬間に全集中して、自分がやりたいことをやってみましょう。変えるのはあなたです。

昔の常識は、いまの非常識。
常識は、生き物のように、
時代とともに進化する。
おかしな常識に
縛られてはもったいない。

世界は不確実

世界には価値の大小や濃淡は存在しない

人間の感覚なんてとてもいい加減です。

例えば下の図をご覧ください。

中心はどちらの丸のほうが大きいと思いますか？

実はこれ、正真正銘、2つの丸は同じ大きさなのです！

カラクリはこう。

左右の丸は同じ大きさなのに、周りが大きな丸で囲まれると小さく見え、小さな丸

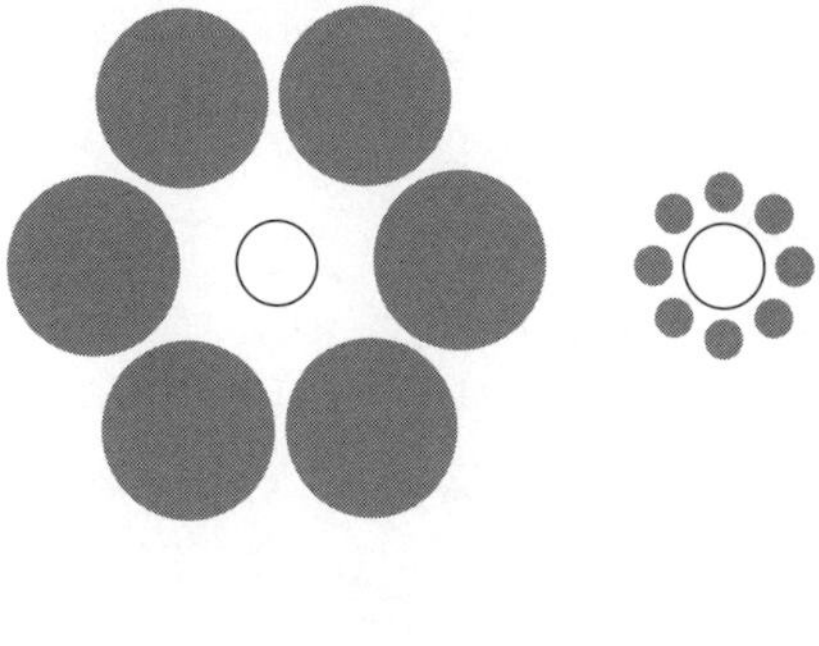

で囲まれると大きく見えるのです。


この図のような関係性は、私たちの現実世界でも見られます。

つまり、このような錯覚を起こしながら日々を生活しているのです。


例えば、あなたが会社員で7人からなる部署で働いているとしましょう。

能力を「大きさ」で表現したとして、先ほどの左図のように、周りをできる人に取り囲まれると、精神状態はどうなりますか？


「自分は周りに迷惑をかけて申し訳ない」と思ったり、

「自分は仕事ができない」と自分に価値を感じられなくなったりして、憂鬱になるに違いありません。

その結果、仕事に行けなくなってしまうことだって考えられます。

反対に自分が職場で一番仕事ができた場合はどうでしょうか。

〝周りのせい〟で全体的な仕事が遅くなり、自分がいなくなると職場は持たないと考える。

その結果、「私ばっかり仕事をさせられて不公平だ！」と被害者マインドに陥るでしょう。


しかし、左右の「自分」は同じサイズであることは、先ほどお伝えした通り。


それではもっと納得度を上げるために、続いて次ページの図を見てください。

左の子の髪の色は黒く見えて、右の子の髪の色は白く見えませんか？


いいえ、この髪、重ねると同じ色なのです！

髪の毛だけをハサミで切って確認すると一目瞭然なのですが、やはり答えを知っているいまでも、違う髪色にしか見えません。

この構造を、現実世界に置き換えてみましょう。

周りを黒＝悪い人で囲まれていると、自分は白＝良い人に見える。

逆に白＝良い人に囲まれていると、自分が黒＝悪い人に見えます。

ですが、これも解説した通り、真実は同じ色なのです。

つまり、そもそも良い人も悪い人もいないということです。

長く外来をやっていると、「私は人を陰で悪く言う人が許せません。職場の人はそういう人ばかりで本当に人間として最低だと思います」と、職場の人のことを医者にいっている人とよく出会います。

ですが、これは冷静に考えるとおかしな状況です。

陰口を嫌うこの患者さん、なんと、病院に陰口をいいに来ているのです……。

ただ先ほどの髪の色のトリックのように、職場の人＝悪い人、自分＝良い人になっているので、自分が職場の人と同じことをしていることに気が付かないのでしょう。

この世が、ものの「大小」と「濃淡」のような、比べて理解するような危ういものなのに、それを絶対的なものと、多くの人が錯覚しているからうまくいかなくなるのです。

実際の世界はこんなにも不確実なのです。

ですから、大切なことは、他人と比較して一喜一憂するのではなく、いまの自分を認めて、現時点で理想の自分でないことを諦め許すこと。

そして、１００％被害者と思っていたけれど、加害者の部分もあるのかもしれないと、相手も許すこと。

物事に絶対はありません。

「こうあるべき」と白黒制限をつける世界から自分を解放しましょう。その瞬間、この世に被害者も加害者もいなくなるでしょう。

世界に絶対的な正しさは
1つも存在しない。
あると思っているなら、
それは単なる
錯覚を見ているだけ。

正義の戦

隣の正義は、こちらにとっては超異常

南米ペルーのマチュピチュに旅行に行った時に、夕食に「ネズミの丸焼き」が出てきた経験がありました。

テンションを上げながらおいしそうに食べている同じツアーの若者。

一方、その隣で、不衛生な気がしてとても食べる勇気が出ない私は、ゆですぎてうどんのようになったナポリタンをぼそぼそと食べていました。

このように、私たちは、

「ネズミを食べるのは不潔」

「犬を食べるのは野蛮」

「イルカを食べるのはかわいそう」

などと勝手に動物にレッテルを貼り、それらの食材を食べる人たちを軽蔑して、「食べないこと」を正義として生きています。

ところが、今度は、「日本人はクジラを食べる民族で、野蛮」と否定されると、「日本の食文化を否定するのか！」とものすごい勢いで抵抗します。

食べない人たちの勝手な正義に腹を立て、食べることに誇りをかけて、議論という戦いを始めるのです。

私はこれを「正義の戦（いくさ）」と呼んでいます。

戦までに至らずとも、このような無理解はいたるところに見受けられます。

例えば田舎に引っ越して周りには木々が生い茂り、木洩れ日の中、家の周りを蝶々がたくさん飛び回っていたら、とても素敵な気がしませんか?

しかし、もし家の周りをいつも蛾が飛び回っていたら、ちょっと嫌ですよね。

実は、その感覚をフランス人に言っても、ちっとも理解してもらえません。

なぜなら、蝶は美しい、蛾は汚いは絶対的な「正義」ではなく、日本人のただの「感覚」。

フランス人は蝶と蛾の区別すらしていないからです。

さらに、私はマグロのお刺身はとてもおいしい食べ物だと思う一方、カツオのお刺身は苦手です。

なぜなら、カツオは血生臭いからです。

さて、私のこの「マグロのほうがうまい理論」はアメリカ人には通用するでしょうか?

残念ながら、難しいといえます。

多くのアメリカ人にとっては、両方とも「ツナ」という名前で、区別していないからです。

実際、私たちがマグロだと思って食べているツナ缶をよく見るとカツオが原料になっていることもあります。

そして、決定的なお話をしましょう。

みなさんはクジラを食べられますか？

それではイルカはどうでしょう？

私は以前、クジラを食べるのは日本の大切な食文化だと、堂々と食べていました。逆に、イルカを食べるのはかわいそうで、食べられる人の精神状態が分からないと思っていました。

日本人はそういう方がほとんどではないでしょうか。

ところが45歳を過ぎた頃に、驚愕の事実を知らされました。

なぜならば、イルカとクジラは生物学上、同じ動物に分類されるというのです！

なんでも、4メートル以下の体長のものを「イルカ」と呼び、4メートルを超える体長のものを「クジラ」と呼ぶらしいのです。

そんな言葉の定義も知らない状態で、人生も半分以上過ぎるまで、「イルカを食べるのはかわいそう。食べる人の気が知れない」「クジラを食べることになんで海外から文句を言われなきゃいけないんだ」と単なる体長の違いで動物を差別していたのです。

私たちは子供の頃から教えられてきた概念に従って、いつも何が正しいか、何が間違っているかを判断しています。

その結果、人と意見が違うと、正義の戦を始めてしまいます。

正しさを考えることや、自分のこだわりを大切にすること、それ自体を否定するつもりは全くありません。

しかし、文化や風習は国や地域、時代によって変わります。

さらに、人によって言葉の定義が違うので、その言葉の違いを分からずに、相手に自分の正しさを押し付けるのは、お互いを不幸にするでしょう。

新型コロナウイルスにより強制的に変革を迫られたこの時代。

これからは、ますますたくさんの常識がひっくり返るでしょう。

以前は、マスクを着けながら話すことは失礼とされてきました。

会社の飲み会に出席することもまた、常識であり正義でした。

すでにこれらの常識はひっくり返り、マスクを外して話すことが失礼となり、飲み会を開かないことが正義となっています。

おそらく表面上の付き合いが消滅して、本当に付き合いたい人としか付き合わない世の中が来ると思います。

その中で、古い常識を叫んで、腹を立てても、自分が嫌な思いをして疲れるだけです。

正義の戦はもうやめにしましょう。

そして、その戦で、腹を立て加害者になることも、被害者になって傷つくこともやめましょう。

人は人、自分は自分です。

「正義」について、
争っても無駄。
なぜなら、「正義」なんて、
そもそも存在しない。
正義は状況によって
ひっくり返る。

ネットとの付き合い方

SNSでは、媚びても、嫌いな人には嫌われる

言葉って難しいなあと思います。

以前私は、患者さんの質問に対して、安心させたくて「大丈夫」と返事をしたことがありました。

その方は「お医者さんに言われると本当に安心します」とほっとされたようでした。

ですが別の方に、「先生は当事者じゃないのによく大丈夫なんて言えますね」と怒られたこともあります。

言葉が難しいと思うのは、このように人によって善かれと思って何らかのアクションをしても、悪く取ってしまう方がいるからです。

他にも同じようなことはたくさんあります。

「病気ではありませんよ」と言われて安心する人もいれば、がっかりする人もいるのです。このことについて、もう少し詳しくお話しします。

「うつ病です」と言われて、不治の病にかかったような気がして絶望する人がいる一方で、「自分がなまけているんじゃないんだ！」と安心して泣き出してしまう人もいるのです。

いま述べたように、実際に会話をしている時でさえ、このようなすれ違いの状態になるのですから、相手の顔が見えないSNS上ではもっと様々な誤解が起こり得るといえます。

例えば、ある演技派女優さんが「私はまだまだ演技がダメだ」とつぶやいたとします。

ここで、様々な反応が出るのがSNSです。

「本当は自分でうまいと思っているくせに嫌味な奴だ」とか、

「かまってちゃんアピールですか？」と否定的に取る人もいるでしょう。

逆に、「演技がうまいのにダメだなんて、さすが名女優。向上心がある」とか、

「スランプなんだな。真面目だからなあ。応援しているよ。頑張れ」と肯定的に取る人もいるでしょう。

また、女優さん自体が、自分に自信がなくなっているので、自分を鼓舞するためにつぶやいたのかもしれないし、

「誰かそんなことないっていって！」と本当にかまってほしくてファンに対し、

つぶやいているのかもしれません。

大切なのは、人間は自分の見たいものを見て、聞きたいことを聞いているということに気が付くことです。

人によって、生まれ育った環境や過去の経験が違います。

ですから、すべての人を安心させたり、喜ばせたりというのは不可能なのです。

つまり、どんなに気を付けてつぶやいても、一定の割合でそれを否定する人が出てくることは仕方がないことです。

人はどうしても自己肯定感を満たしたい生き物。

そのため相手から認められよう、よく思われようと思ってしまい過剰な努力をしてしまいがちです。

でも繊細なAさんによく思われようと発言をオブラートにくるんだら、今度は

Bさんに「はっきりしない意見だ」と否定されるかもしれません。

それではと今度はBさんによく思われるためにはっきりと意見を言ったら、今度はCさんに、性格がきついと言われてしまうわけです。

この場合、まずは、「自分としてはベストを尽くしていても、相手から見たらおかしいということが普通である。その状態で良いんだ」と受け入れてしまうことが重要です。

そして、SNSをなさるなら、万人に好かれることは不可能であると諦める覚悟を持ちましょう。

もしそれが難しいなら、SNSから距離を取ることをおすすめします。

全員に良く思われることを諦めることができたら、もう少し自由を手に入れることができるでしょう。

人によって、
生まれ育った環境や
過去の経験が違う。
だから、すべての人を
幸せにするのは
不可能である。

第2章

弱い自分を
そのまま愛する。
それが本当に
強い人

自己肯定感の罠

「自己肯定感」と「自分を好きになる」は違う

もっとも簡単なようでもっとも難しいこと。

それは、「自分を大切にすること」。

ここではこのことについて話したいと思います。


自分に自信がなく、外出が困難だったAさんという女性がいました。

Aさんは、中学時代のいじめがきっかけで、対人緊張が強く出てしまい、高校にうまく通えなくなりました。それでもなんとか出席日数ギリギリで卒業。

大学にもやっとのことで進学できたものの、親しい友人は1人もいません。

また授業に出ようとすると他人の視線が気になり動悸、嘔気、呼吸苦などの症状が出てしまうような状況。

そんなわけでなんとかしたいと来院されました。

緊張を抑える薬を使って一時的になんとか授業に出席して、単位を取ることはできました。

でも心の中は、常に不安で、「私は自分に自信がありません。自己肯定感を上げるためにどうしたらいいでしょうか?」と毎回同じ質問をしてきました。

不眠を訴え来院されたBさんという女性がいました。

Bさんは「常に自分を高めるために努力しています」と言うだけあって、とても美しく、お花や着付け、ヨガのインストラクターの資格まで持っていました。

社交的でFacebookの友人もたくさんいました。

学問にも興味を持ち、心理学を学びカウンセラーの資格も持ち、相手の気持ちもよく分かる自己肯定感がとても高い女性でした。

しかし、「完璧な私」になればなるほど、「私らしくありたい」にこだわり、結果的に恋人と不仲になり、恋愛が長続きしません。

そうして本当の私を分かってくれる理想の男性と出会った時にその人に好きになってもらえるよう、さらに自分磨きをして自己肯定感を高めるということを繰り返していました。

AさんとBさんの悩みは、一見全く違うように見えますが、本質は実は同じなんです。

2人の共通点は、自己肯定感というお化けに取りつかれていることです。

Aさんは自分に自己肯定感さえあればこんなに苦しまないのにとこだわってい

ます。

ですが、実はいま、漫画研究会に入って、引きこもりだった過去とは比べものにならないほど友人と楽しくサークル活動を楽しんでいるそうです。

客観的に見れば、決して、苦しそうなんてことはなく、楽しい現実に気づかないことがもったいない。

Bさんは話をしていると受け答えも完璧で、とても素晴らしい人。

ですが、その「完璧な私らしさ」にだんだん話し相手であるこちらの自信がなくなって、なんだか疲れてくる。

「それが彼と長続きしない原因かも」と指摘しても、「そうですね」と軽く受けながされてしまいます。

「自信に満ち溢れ輝いている自分」へのこだわりを捨てきれず、うまく回らない恋愛関係が嫌。それゆえ、さらに自分を高めるために努力し続けるということを繰り返していました。

この2人にとって本当に大事なことは、自己肯定感を上げることではなく、自分を大切にするということです。

「自分を大切にする」ということは自分を好きになることです。

「自己肯定感と何が違うの?」と思うかもしれません。**ですが、「自己肯定感を高めなくては」と言っている時点で、「何かを頑張って結果を出したら価値がある」と考えている証拠。**

それは逆に言うと、何もしていなかったら、結果を出さなかったら、「自分自身には価値がない」と思ってしまっている。

自分を大切にしていない証拠なのです。

こう言うと、常に髪型を気にして鏡を見たり、「私はこんなにすごいの」と自慢をしたりしてくる、自分大好き人間、いわゆる「自己愛が高すぎる人」はどうしても受け付けないという方も出てくると思います。

でも自己愛が高い人というのは、「自分はすごい、素晴らしい」と思い込むこと、そして人に「すごいね」と言ってもらうことで、やっと心の状態を安定させている状態。

ですから、本当は自分を認めていない、自分を大切にはできていないのです。

いまの自分で十分素晴らしい、大切な存在なのだということに気が付いて、何かを得ることで価値を見出すのではなく、ありのままの自分を認めてあげてください。

まずは自分を認めて、好きになってあげることで、他人の承認も必要がなくなります。

「私らしさ」にこだわりすぎて、大切なパートナーとの関係を壊してしまうこともなくなります。

それが、本当に自分を大切にするということです。

何かをしなくては
自分を好きになれないような
自己肯定感は、いらない。
いまのあなたで十分、
素晴らしい！

季節のサイクル

うつはあなたのせいじゃない。季節のせい

医師を20年もしていると、季節によって体調が変化するのがよく分かってきます。

例えば、漢方の1つの考え方ですが、1年を通じて人には大きな体調のサイクルがあります。

2月3日の「節分」とは、季節のサイクルの分かれ目。つまり、エネルギーゼロのスタート地点です。

人間の気が一番下がっているので、そこで体に邪気が入り込まないように「鬼は外」、そして、大地や天の気を取り込むように「福は内」と唱えるようになりました。

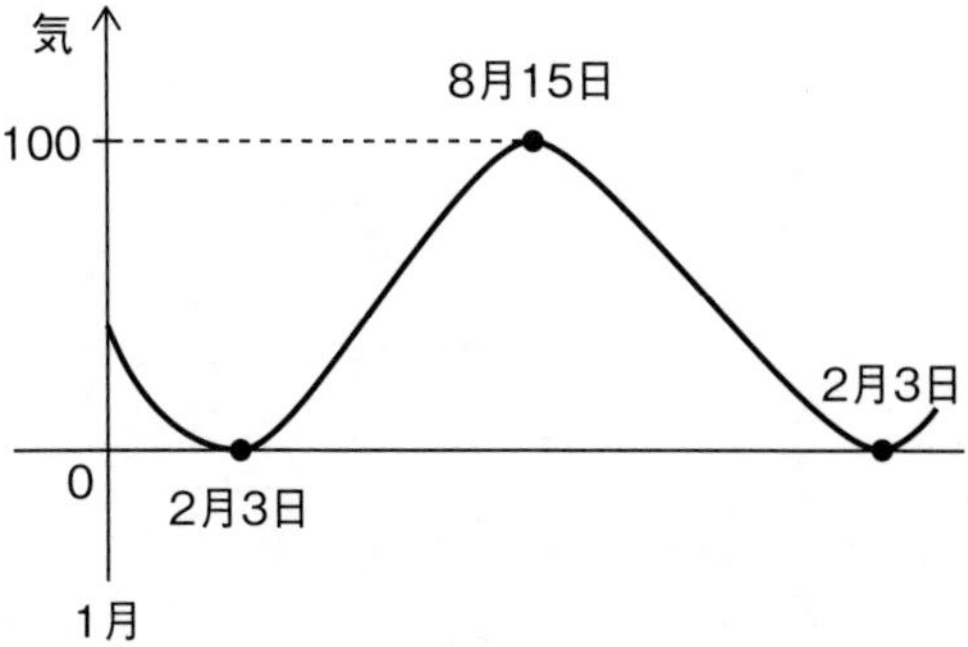

その日を起点に、3月に種から新芽が出て、茎が伸びて、花が咲くように生命エネルギーはどんどん上昇し、8月15日に頂上、100パーセントを迎えます。

この時、天空のご先祖様に一番近づくので、ご先祖様と交信できるお盆が来るわけです。

そしてお盆を過ぎると、またエネルギーは徐々に下降し、来年の2月3日に向けて下がっていきます。

つまり、9月はジェットコースターの落下の始まりなので、調子が悪くなるのが正常で、2月においては生命エネルギーがどん底になるので、朝起きられなくなって、会社に行けなくなったり、死にたくなったりする方も少なくないわけです。

考えてみてください。

動物園に行けば分かることですが、夏の間、動物は日陰でごろごろしてなるべく動かないようにしています。

冬も寒さに耐えてじっと動かないで余計なカロリーを消費しないようにしています。ちゃんと、春夏秋冬で生き方を変えることを知っています。

さらに、季節という大きなくくりでなくとも天気にもちゃんと左右されます。

野生では、雨が降ったら視界が悪くなり自分のえさが見つけられないばかりか、体温も体力も低下してしまい、自分がえさになる確率が圧倒的に大きくなってしまいます。

なので、雨でも平気でジャングルを出歩いていた動物は淘汰され、進化の過程で、雨が降ったらやる気ホルモンが出なくなるようにちゃんと設計されているのです。

ところが人間はどうでしょう？

冷暖房を発明し、照明や車を発明して、春夏秋冬を同じように生きようとしています。それはとても傲慢な考え方ではないでしょうか？

案の定、無理をしてしまうので、夏の疲れが秋口に出てくる「夏バテ」や、冬にじっとしているほうが自然で、朝起きられないことが正常なのに、定時に起きて無理に出勤し、残業まですることで、正常な生命システムに負荷をかけすぎて、「冬期うつ」を発症させてしまいます。

加えて日本では、４月から新年度が始まり、新しい環境に気を張り詰めて適応しようと頑張りすぎた後に、ＧＷという長い休みに入ります。

ここで緊張の糸がプツンと切れて、ＧＷ明けから出勤できなくなる「５月病」

という、社会制度上で発生する病気まであります。

9月から新年度を開始するアメリカでは5月病が存在しないことを考えると、やっぱり、生命のリズムを無視して、つくられなくていい病気がつくられてしまうのはもったいない気がします。

「雨が降ったらやる気がしなくて、ジムに行かない私は意志が弱いダメ人間」とか、「秋に寂しくなって悲しい気持ちになるのは、情けない」とさらに自分を責めて追い込んでしまいます。

ただでさえ自分に元気がないのに、その元気がなくてひびの入った心を槍でつついたら、粉々に砕けてしまいます。

元気はヨーグルトのようなもので、1日で70パーセントを食べても、30パーセントを残して牛乳を入れて一晩寝かせておけば次の日にはまた100パーセントに戻っています。

これをこつこつ繰り返すことで一生ヨーグルトを食べることができます。

つまり元気でいることができるわけです。

しかし、まじめで一生懸命な方や、他人のために頑張りすぎる方は、100パーセントの元気があると、すべてを使い切ってしまい、次第にいくら寝かせても元気が戻らなくなってしまうのです。

そうして、アクセルをいくらふんでもガソリン切れで車が動かない。これがうつ病ということになるわけです。

まずは、70パーセントでやって30パーセントの元気を残しておく。

これが、元気でいる何よりの秘訣です。

この話をするとたいてい、「同僚もやっているから私もやらなくてはいけないんです」とか、「期待されているから応えないといけないんです」「自分を犠牲にしてでも相手のために何かするのは素晴らしいことではないんですか?」と反論されてしまいます。

でも、そろそろ、この生き方をみんなで変えていきませんか?

無理をして、自分のエネルギーを相手に与え続けて、消耗しすぎて自分という花が枯れてしまっては、みんな生きていることが苦しくなってしまいます。

さらに無理をし続けて、高血圧や糖尿病になってしまい、最終的に免疫力が下がって感染症になり命を落とす。

その結果、残された同僚や家族が、さらに頑張って無理を重ねて消耗する。

無理をしていない人は頑張っていないような錯覚に陥り、罪悪感を感じて消耗する。

誰かを幸せにしたくて始まった自己犠牲中心の世の中が、最終的にヘロヘロに疲れた人だけがゾンビのようにさまようホラー映画のようになるなんてもったいない。

自分が怠けるためではなく、大切な家族のため、そして相手のためにも「無理をしない」でくださいね。

冬にやる気が出ないのは、
冬のせい。
夏に疲れやすいのは、
夏のせい。

病の新情報

心が弱いことと、うつは関係ない

私も一応は医者なので、いわゆる「感情」について、少しだけ学問的なお話をしますね。

「感情」の中でも特に憂鬱な感情は、「ウイルスと関係している」という研究成果が2020年の10月に発表されました。

これは、慈恵医科大学の近藤一博教授の研究によるもの。

なんでもヒトヘルペスウイルスの6型の遺伝子がうつ病の原因となるタンパク質を作るというのです。

実はいままで、うつ病の原因となる、ヒトの遺伝子研究をしてきましたが、決定的な遺伝子を発見できずにいました。

そこで、近藤教授は「ひょっとして人そのものに問題があるのではなく、大多数の人に感染しているウイルスのほうに問題があるのでは」と考え、地道に研究していたのです。

近藤教授は、この発表に関連して、「うつ病は心が弱いこととは関係なく、自分の責任でなる病気では決してない」と話しています。

近藤教授あっぱれですね！　憂鬱な感情と欲や興味の低下が2週間ずっと続いた時にうつ病の診断は下ります。

もし、この持続的な憂鬱の感情ですらウイルスのせいだとしたら、私たちが日々感じている憂鬱なんて、もっとウイルスの元気具合に影響されているかもしれません。

また、2018年8月には、京都大学の成宮周特任教授と神戸大学の古屋敷智之教授は共同研究において、うつとはあくまでも脳の炎症であることを発表しています。

なんでもストレスがかかると、脳の炎症担当細胞が活性化され、炎症物質が発生し、うつになるのだとか。

本来炎症は、細菌やウイルスをやっつけるためのもの。つまり、人間が生き残るために、本能的にわざわざ起こしているという反応です。

ところが、この炎症という「戦い」によって、その戦場は荒れ地になります。つまり、脳細胞が荒れ果て壊れ、もしくは働きが低下し、うつの感情が起こるらしいのです。

どちらの研究も、その研究室で分かったと言っている段階なので、これから世界中の研究機関で追試がなされていき、医学的な真実になるまでには時間がかかると思います。

しかし、大切なことは、「うつは心が弱いからなる」とか「うつは怠け病だ」とさんざん言われてきたことがひっくり返ったこと。

そう。「心が弱いのとうつは関係ない」かもしれないという事実です。

自分ではこれ以上できないというぐらい努力しても結果が出ない時、あなたは憂鬱になってしまいますよね。

そんな状態なのに、「努力が足りない」と責められた結果、憂鬱がひどくなり、絶望しているかもしれません。

ちょうど浪人中の私もまさにそのような状態でした。二浪目で後がないというプレッシャーに追い詰められ、1日15時間勉強して死力の限りを尽くしても不合格だったことが分かったあの日。

脳の中で生命の糸がバチンと音を立てて切れ、体が鉛のように重くなり動かなくなりました。

「死んだほうがいいかなあ」と思うぐらいの状態を振り返っても、その時の私はうつという感情に支配されていたように思います。

だから、いまあなたの憂鬱がどんなに苦しくて、どれだけ解放されたいか分かっているつもりです。それを否定するつもりは全くありません。

ですが、この憂鬱が、私そのものではなく、風邪でのどに炎症が起きるように、ストレスで脳に炎症が起きている結果だとしたら……。

それに騙されて死んでしまってはもったいない。

そして、自分はダメだと思考して、憂鬱という気分になり、死のうとするその行動が、ヘルペスウイルスのせいだったらもったいない。

うつはあなたのせいではありません。

その感情すらあなたのものではないのかもしれないのです。だからまずは、死にたい気持ちをわきに置いて、風邪を引いた時のように少し眠りましょう。

自分の免疫がおかしくなっているのかもしれないので、それが正常化するのを待つため、1週間考えるのをやめにしてゆっくり休みましょう。

憂鬱な時の思考や感情は、あなたそのものではなくなりすましの可能性があります。いったんそれを休めて、免疫の正常化に身を任せ、戦場の荒れ地が回復し、緑が茂って花が咲くのを待ちましょう。

きっと本来の自分が戻ってくるはずです。

うつの原因は、
ウイルスのせいかもしれない。
だから、死にたい気持ちも、
あなたのせいじゃないかも
しれない。

障がいの再定義

ADHDは障がいではなく、ただの脳の偏り

みなさんは、マイケル・フェルプスという水泳選手をご存じですか。

2008年のオリンピックで、8つという記録的な数の金メダルを獲得。生涯でみると28個のオリンピックメダルを獲得した「水泳の怪物」と呼ばれた方です。

マイケル・フェルプスは、幼稚園の頃から、椅子にじっと座っていられず、集中のできない子供でした。

5歳の時には、ADHD（注意欠陥・多動性障がい）と診断されたそうです。

診断を下した当時の医師は、「この子は一生何かに集中することはできないでしょう」とその障がいを否定的に母親に伝えました。

普通の母親ならここでショックを受けて、子供の人生を諦めるかもしれませ

ん。ただ、フェルプスの母親はそれを受け入れませんでした。
「この子は疑問に思ったことの答えを常に探し求めているために、エネルギッシュに動き回っていたの」と当時を振り返った母親の言葉が〝それ〟を物語っています。

母親はこの息子の有り余るエネルギーを何かに生かしたいと考え、水泳を習わせました。しかし、他の注意欠陥・多動性障がいの多くの子供がそうであるように、フェルプス少年は、水に顔をつけるのが好きではありませんでした。

こうなると、かなりポジティブマインドを持つ母親でも、子供の人生を諦めるかもしれません。

それでも、彼の母親は諦めるどころか、「あら、顔を水につけるのが嫌なら、背泳ぎをすればいいいじゃない」と言ったのです！

背泳ぎの楽しさに目覚めたフェルプスは、来る日も来る日もそればかりを練習し、気が付くと国内に敵がいなくなりました。勝利する喜びを味わったフェルプスにとって、もう水が顔につくとかつかないとかはどうでもよくなり、他の種目でも頭角を現しました。
最終的にバタフライの世界記録を含め、オリンピック4大会連続金メダル獲得という偉業を成し遂げたのです。

よくこのマイケル・フェルプスの記事が紹介される時に「ADHDという障がいを乗り越えて」というまくらことばが付きます。

ですが、私はその紹介の仕方は適切ではないと思っています。

なぜなら、ADHDは障がいではなく能力だからです。

長年の犬猿の仲である薩摩と長州に飛んでいき、薩長同盟を結び、明治維新の礎を築いた坂本龍馬もADHDだったと言われています。
コンピューターに興味を持ち、熱中し、世界の常識を変えるiPhoneを生み出したスティーブ・ジョブズもＡＤＨＤです。

医学でいう「異常」とは、あくまでも基準値を決めて、そこから外れた部分のことをいいます。

例えば規格外の体重で生まれた子供を「巨大児」と呼ぶなど、基準体重の範囲内であれば「正常」、外れたら「異常」として考える学問なのです。

なので、基準値外の行動力は「多動」とされ、規格外に集中するものが変化することを「注意欠陥」と呼ぶ形になってしまうわけです。

しかし医学はどんどん変化しています。

以前は、授業中に上の空になって別のことを考えてしまうなど、目の前のことと無関係な思考が自生することはＡＤＨＤに特徴的な「困った欠陥」と思われていました。ところが、アインシュタインやモーツァルトの研究を通して、それはマインド・ワンダリングという、創造的かつ仕事に必須な能力であることを昭和大学の岩波明教授が突き止めています。

さらに、以前は周囲と話題が合わず、集団に馴染めないことで孤立していた子供たちは、そのまま「変わった子供」として社会に埋もれてしまっていました。

それがいまや、アメリカ教育省では、そのような子供たちは、ギフテッド（同世代の子供と比較して、並外れた成果を出せるほど、突出した知性と精神性を兼ね備えた子供）として、特別なクラスで大切に育てられているのです。

もしADHDかも？　と自分を疑う方がいれば安心してください。あなたが障がいだと思っているそれ、ただの偏りです。

もっと言えば、標準に入っている人が思いつかないことを想像（創造）できる能力なのです。

それはもはや才能ともいえます。

ですから、もう自分を否定するのをやめてください。

自分の短所と思っているところは実は天から授けられたかけがえのない長所なのです。

世界は、新しいアインシュタインを、モーツァルトを、ジョブズを、そしてフェルプスを待ち焦がれています。

次の1人はあなたかもしれません。

あなたが障がいだと
思っているそれは、
ただの脳の偏り。
そして、才能の塊。

好き嫌いについて

誰もがあなたを嫌いになる自由がある

いきなりですがみなさん。嫌いな人を想像してみてください。

上司、同僚、ママ友、親……。

もし、いないという人でも、

「あのワイドショーの司会がなんとなく嫌」だとか、

「嫌いまではいかないけど、なんとなくあのお客さんが苦手」だとか、
そこまで含めると、100パーセント人類みんなのことが好き！　という方はいないのではないでしょうか？


人間は、「水色は好きだけど、赤はあんまり」「山は好きだけど、海は苦手」と

いうように、自分の勝手に「好き・嫌い」「得意・苦手」を判断してしまう生き物です。

逆に言えば、その自由は誰にも強制的にはく奪されるものではありません。

だとしたら、自分がその芸能人やお客さんを好きになれないように、自分を嫌いな人がいてもなんら不思議ではないのではないでしょうか。

あなたを好きかどうかは、その人の自由なのです。


以前、私の外来に来てくれていた患者さんに、私のことが大嫌いな方がいました。

ではなぜわざわざ私の病院に通っていたかといえば。

その患者さんは登録医でないと処方できない薬が必要で、その区に登録医が私しかおらず、仕方なく月に1回薬をもらいに来ていたのです。

その方は、とにかく私が嫌いで、診察室に入るなり、ムスッとした表情。「変わりありません」と言って、ドアをバタンと閉めて出ていくこともしばしばでした。

スタッフには、「先生、あの態度に腹が立たないのですか?」と聞かれたことがありました。

確かに、最初は腹が立ちました。

でも私も正直、好きな人が8割、苦手な人が2割ぐらいいるのです。

自分もそんなふうに「好き嫌い」を区別しているなら、逆に2割の患者さんが私のことを嫌いでもしょうがないことだと気が付いたのです。

「私は嫌いな人がいていいけど、私は人に嫌われたくない」だなんて、どこか、「お前の物は俺の物、俺の物は俺の物」に似た傲慢な考え方ではありませんか!

それからは、あんまりその患者さんの態度が気にならなくなり、「こんなに嫌いなのに、毎月我慢して、薬を貰いに来て偉いなあ」とまで思えるようになりました。

「人から嫌われてはいけない」「人を嫌ってはいけない」というのは思い込みで、その思い込みは不安という感情をつくります。

逆に言えば、その思い込みから解放されていると、不安が発生しないので、楽に生活できます。

それでも、どうしても嫌われたくないんだ！　という方の話もしますね。

以前、Aさんから質問を受けたことがありました。

「私は、職場で誰よりも頑張って仕事をしています。

何度も確認するので仕事でミスをしたことは1回もありません。

無駄口が嫌いなので、上司の雑談には乗らず、仕事中は一切余計な話をせずに仕事をしています。

でも、上司は、私より仕事ができず無駄口をたたいているBを可愛がります。

納得がいきません。どうしたらいいでしょうか?」という質問でした。
みなさんならこの質問にどう答えますか?
実はこの質問の中に思い込みが隠れているのですが……、分かりますか?

それは、「一生懸命仕事をすれば上司に認められ可愛がられる」という思い込みです。

「一生懸命仕事をすること」と、「上司に可愛がられること」は、全く別物なのです。これは、その2つを混同しているために起きている悲劇です。

みなさんが、2匹の犬を飼っているとします。
1匹目の犬は、絶対に1日2回のエサ以外、おやつをねだることもなく、おもらしなどの粗相もしません。その代わり、あなたが帰ってきても玄関で出迎えることもなければしっぽを振ることもない。

一方の犬は、しょっちゅうおやつをねだってくるし粗相もするけれど、あなたが帰ってきたら飛び上がらんばかりに喜んでしっぽを振って、「会いたかった」と全身で喜びを表現してくれる。


おそらく、ほとんどの人は、後者の犬のほうが可愛いのではないでしょうか？

博愛の精神ですべての生命を平等に愛したいところですが、残念ながら現実はそんなもの。

私も、どうせ飼うならお間抜けだとしても愛想が良い犬がいいですし、上司の立場なら、多少出来が悪くても愛嬌のある部下が可愛いといわざるを得ません。

ただ、ここまで読んでもまだ、「どうしても上司にしっぽを振るのはごめんだ」という方は、それでいいんです。


それは「可愛がられることよりも、全力で仕事することを優先している自分に

モデルが秘密にしたがる体幹リセットダイエット

佐久間健一 著

爆発的大反響!

テレビで超話題!芸能人も−17 kg !! −11 kg !!!

「頑張らなくていい」のにいつの間にかやせ体質に変わるすごいダイエット。

定価=本体 1000 円+税
978-4-7631-3621-3

ゼロトレ

石村友見 著

ニューヨークで話題の最強のダイエット法、ついに日本上陸!

縮んだ各部位を元(ゼロ)の位置に戻すだけでドラマチックにやせる画期的なダイエット法。

定価=本体 1200 円+税
978-4-7631-3692-3

見るだけで勝手に記憶力がよくなるドリル

池田義博 著

テレビで超話題! 1日2問で脳が活性化!

「名前が覚えられない」「最近忘れっぽい」

「買い忘れが増えた」

こんな悩みをまるごと解消!

定価=本体 1300 円+税
978-4-7631-3762-3

郵便はがき

料金受取人払郵便

新宿北局承認

8720

差出有効期間
2022年11月
30日まで
切手を貼らずに
お出しください。

169-8790

154

東京都新宿区
高田馬場2-16-11
高田馬場216ビル 5 F

サンマーク出版愛読者係行

ご住所	〒 都道府県	
フリガナ		☎ ( )
お名前		
電子メールアドレス		

ご記入されたご住所、お名前、メールアドレスなどは企画の参考、企画用アンケートの依頼、および商品情報の案内の目的にのみ使用するもので、他の目的では使用いたしません。
尚、下記をご希望の方には無料で郵送いたしますので、□欄に✓印を記入し投函して下さい。
□サンマーク出版発行図書目録

1 お買い求めいただいた本の名。

2 本書をお読みになった感想。

3 お買い求めになった書店名。

市・区・郡　　　　町・村　　　　書店

4 本書をお買い求めになった動機は？

・書店で見て　　　・人にすすめられて
・新聞広告を見て（朝日・読売・毎日・日経・その他＝　　　）
・雑誌広告を見て（掲載誌＝　　　）
・その他（　　　）

ご購読ありがとうございます。今後の出版物の参考とさせていただきますので、上記のアンケートにお答えください。**抽選で毎月10名の方に図書カード（1000円分）をお送りします。**なお、ご記入いただいた個人情報以外のデータは編集資料の他、広告に使用させていただく場合がございます。

5 下記、ご記入お願いします。

ご職業	1 会社員（業種　　）2 自営業（業種　　） 3 公務員（職種　　）4 学生（中・高・高専・大・専門・院） 5 主婦　　6 その他（　　）		
性別	男・女	年齢	歳

気が付いた」ということなのですから。

「人様に愛されなくてはいけない。嫌われてはいけない」というのは子供の頃につくられた思い癖です。

その思い癖から自分が自由になって、愛嬌を振りまくより真面目に仕事をする。それで、人に認めてもらえなくても、自分で自分を認めることができれば十分です。

それをコツコツ積み上げていけば、次第にそれは実績となり結果が必ずついてきます。そうすると、愛嬌がなくても、最後は世界が認めてくれます。

今日から人に嫌われることを許し、人に嫌われる不安から自由になりましょう。

「私は嫌いな人がいていいけど、
私は人に嫌われたくない」
だなんて、それは非常に
傲慢な考え方。
少しくらい嫌われたって
当たり前。

体の秘密

心臓はサボる臓器。動き続けているわけではない!

この間、患者さんに真顔でこんな質問をされました。

「先生、心臓って偉いですよね。だって特別ほめられるわけでもないのに、24時間休まず動いてくれるんだから。

それに比べて、俺は情けないですよ。残業すると次の日は疲れてとっても耐えられない。職場のみんなはできているのに自分だけしんどくなってきて本当に、情けないです。残業できる薬とかないですかね?」

心臓は偉い……。おもしろいことを言うなあ、と思いながらその相談を聞きました。**ところが、実は心臓は24時間働き続けているわけではありません。**

むしろ1日のうち、動いているのはたったの2・4時間。つまり、1日のうち9割は、休んでいるのです！

心臓は1分間に60回の鼓動を打っています。この鼓動をもっと細分化して見ていきましょう。心室が収縮するのに要するのが約0・1秒間。この時、筋肉に力が入る一方で、残りの0・9秒間、心臓の筋肉は脱力して休んでいます。

その休憩時間に血液を送り出した心室に血液が戻り、満たされ、次の収縮を待つということを繰り返しています。

2・4時間みっちり労働した分、しっかり（21・6時間）休む。だからこそ、ずっと継続して動き続けられるのです。

これは心臓に限ったことでもありません。呼吸も同じです。

息を吐く瞬間に、肋骨の筋肉が収縮して、肺の中の息を吐き出します。そのあと、筋肉に脱力が訪れると、肋骨の隙間が広がるので、結果的に肺に吸気が入ってきます。

呼吸も24時間連続で頑張っているのではなく、半分は休んでいるのです。

つまり、生命体は、「動」と「静」、「ｏｎ」と「ｏｆｆ」を繰り返して生きているわけです。

言い換えるとそれは、「ｄｏ（やり方）」と「ｂｅ（あり方）」の連続が生きることといえるかもしれません。

そしてこの世は、昼と夜、日の光と雨、ポジティブとネガティブからできていて、どちらが欠けても成り立ちません。

もし、日の光しかなかったら動植物はすべて死滅するでしょう。ポジティブしかなかったら、「ポジティブ」という定義すら生まれることはありません。

みなさんは、周りが休んでいないから、私も休んではいけないと、人と比べて自分に余計な制限をかけていませんか？　何かができている自分なら認めることができて、何もしていないただあるだけの自分を「存在価値がないから生きていても意味がない」と責めていませんか？

でも、本格的なうつ病治療においても、治療は休むことから始まります。

うつは心の骨折のようなものです。

体の骨折と同じように、安静期とリハビリ期に分けて治療をするのです。

心の骨がしっかりとくっつくように、なるべく頭や心を動かさないで、徹底的に休養と睡眠、栄養を取り心の骨がくっつくのを待つのが「安静期」。

続いて、骨がちゃんとくっついた後、弱った心の筋肉を、散歩や読書で回復させるのが「リハビリ期」です。

休むことは治療であって、サボることではありません。

だから、休むことに罪悪感を感じないでください。

何かをしている自分、社会に対して何かを提供している自分だけを認める。これは収縮している時だけの心臓を認め、拡張（休む）している心臓を否定することです。

ポジティブで動的な自分だけを肯定し、ネガティブで静的な自分を否定すること。それは、肺の収縮である呼気だけを認めて、肺の拡張である吸気を否定することです。

「何もできていないから」と社会の思い込みに振り回されず、ただ存在することと、ただあることを大切にしてください。

それもかけがえのない自分なのですから。

この世は、昼と夜、
日の光と雨から
成り立っている。
この形式に則れば、
休むから動けるのである。

男女問題

結果を出したい男、分かってほしい女

この前、患者さんから、「兄貴が自殺してしまった」という話をしていただきました。

聞けば、仕事は順調だったが、定年を迎えて3年、夫婦仲が悪くずっと悩んでいたとのこと。

「このまま家で苦しい生活をするなら」と命を絶ってしまったようでした。

男と女。最近では、男性でも女性的な方、女性でも男性的な方も増えていて、さらには、トランスジェンダーの方も考慮すると、この男性的、女性的という言葉も死語になりつつあるのは分かっています。

そのため、生物学的な、「オス」と「メス」の過去からの進化の途中の話として聞いてくださいね。


現代人で考えるとよく分かりにくいので、縄文時代を想像してみましょう。

その時代の男性は獲物を取りに3、4日も帰らずに狩りに行きます。

女性はその間、心細いながらも子供を抱え周囲の女性たちと共同作業をしながら村の集落を守っていました。


その役割分担をした生活の中で、長――い年月をかけ、与えられたおのおのの環境に適応すべく、その能力は高められてきました。

そして、その能力はDNAに刻み込まれていったのです。

さらにそのDNAによって発生学的に脳は、お互いの役割にふさわしくなるべく、形態を変えていきました。**最終的に男性の脳と女性の脳は、全く違う物質となり、全く違う思考法をすることになったのです。**

具体的には、男性はどんなに性格がよくても、獲物を取れなければ集落の人々は餓死してしまいます。そのため、**とにかく「結果」を求める脳が発達し、その価値観が思考の中心になりました。**

一方、女性の大事にしてきた価値観はというと。

女性は、村を共同で仲良く運営していかなくてはならないので、相手の気持ちを汲み取り理解する、そして自分の感情を伝え、汲み取ってもらうことで絆を強くしてきました。

つまり「共感」を求める脳が発達し、それが思考の中心になりました。

男性脳と女性脳にはこのような違いがあるので、実際に次のような夫婦喧嘩が起きます。

例えば、ヨガ教室での友人トラブルがあって、妻が夫に相談したとしましょう。

夫は、「獲物を一刻も早く妻に届けよう。妻はそれを求めている」という「結果」思考の原型が発動します。つまり、解決法という「結果」を妻に求められていると思うので、「違うヨガ教室に通えばいいよ」と5分と話を聞かずにニコニコと笑顔で答えてしまいます。

しかし、この相談の時の妻はどのような心境でしょうか？

そうです、実は夫が知らないうちに、村という集落をまとめるために発達した「共感」思考が発動しているのです。

その思考の中心は、「私がどんなに傷ついたか分かってほしい」「どんなに大変か分かってほしい」「そのつらい中で、どんなに頑張っているか分かってほしい」というものです。

妻のこの「共感」思考が優位の時に、夫がたった5分で結論を言って話を打ち切ったらどうでしょうか?

おそらく、夫に「結論」という刀でバッサリと切られた感覚になるでしょう。

夫が、「妻の問題を秒殺で解決してあげた。俺は良い夫だ」とニコニコしているそばで、妻は、「夫に私の壊れかけの心を切りつけられた。私の心は夫の言葉の刃(やいば)に傷つき死んだ」と感じているのです。

これが「離婚」という絶望が芽を出す瞬間です。

私は20年間この仕事をしてきて、診察の過程で約200人の離婚の経過を見てきました。みなさんは、「心の病」という特別な理由のせいで離婚に至ったのではないか? と思われるかもしれません。

しかし、それは勘違いです。

多くの女性患者さんは、「夫は経済的にも子育ても良くしてくれているが、うつという私の苦しさをちっとも分かってくれていない」と嘆き絶望します。

つまりどんなに夫に支えてもらっていても、夫の共感がないとそれは「愛がない」と錯覚し離婚に至ります。

多くの男性患者さんは、「抗鬱薬を飲みながら、必死に家のローンや子供の養育費を稼いでいるのに（結果を出しているのに）、『いつまでその薬飲んでるの？　よかったら私がカウンセリングするよ』とふざけた話をだらだらとしてくる。耐えられない」と結果を出したことを認められないことに執着します。

そして、「結果」に感謝してくれず、「心配（共感）」だけしてくる妻に「愛がない」と錯覚し離婚に至るのです。

それでは、どうすれば、夫婦仲は良くなるでしょうか？

まずは、この違いを認めて諦めてしまうことです。これは、構造の問題で仕方がないことです。

どうしてもいまのパートナーのこの部分が耐えられなくて別れても、性別が違うと同じ問題が現れてきます。

相手と自分の違いを認めて諦め、コントロールを手放す。

それこそ自分が楽になる一番の方法です。

みんな違って、
しょうがない。
人間だもの。
違いを諦めよう。

人間関係の極意

させていただく精神でいれば、人は嫌いになれない

前のページでは、「男女の違い」を超えるための方法をお伝えしました。

それぞれの心の構造をうまく理解できるようになったら、その次にできること。**それは「相手を理解し、相手のしてほしいことをさせていただく」ということです。**そう。「させていただく」のです。

つまり、もしあなたが妻なら、夫が毎日結果を出し続けていることをしっかりと認め感謝しましょう。

取引先に下げたくもない頭を下げて、少ない給料なのにそのほとんどを家に入

れてくれる夫に、「ありがとう。あなたのおかげでご飯が食べられて、子供も学校に行けるよ。本当にありがとう」と感謝しましょう。

もしあなたが夫なら、しっかりと妻の話を聞いて共感しましょう。

そしてちゃんと話が済んだあとに「そんなにつらいのによく我慢したね。偉いと思うよ」「それは本当に大変だったね。よくやってるよ。すごいなあ」と共感の上で認めてあげてください。

これは男女間の問題だけではなく、すべての人間関係にいえること。

この、「感謝」と「共感」ができたら、どんな人間関係も問題が起こるはずがありません。

さらに、ここで大切なのは、冒頭で述べたように、「させていただく」という思いで行うことです。

患者さんとの対話の中で、多くの方に「思いの誤解」があることに気が付きました。

「自分が考えて人に伝えていることと、自分の本当の思いは結構違う」ということです。

例えばこんな感じです。

ある患者さんに「同僚とうまくやりたいが、どうしたらいいか教えてください」と相談されたとしましょう。

そこで「こうしたらいいですよ」と私が答えると、9割の患者さんは、「なんで同僚が悪いのにそんなことを私がしなくてはいけないんだ」と怒ります。

でもこれはとてもおかしなことで、「おいしいラーメン（良い人間関係）の作り方を教えて」と言われて先生に教えてもらった。

それなのに、「なんで私がラーメンを作らなくてはいけないんだ!（同僚との良い人間関係をつくるために自分が動かなくてはいけないんだ）」と怒るのと同じだということに気が付かないのです。

つまり本心は、「同僚が悪い、私は悪くないと先生に共感してほしい」なのに、それが恥ずかしいから、「同僚とうまくやりたいがどうしたらいいか教えてください」というように質問が変わってしまうのです。

いま大切なのは、良いか悪いかを判断することではありません。それに、相手が自分と仲良くしたいのかすら、分からない状態です。

関係性を改善したいのは相手ではなく「自分」。

であれば、そのためには自分が動かなくてはいけないのです。

つまり、自分の勝手で関係を改善させたくてやり方を変えるわけですから、「してやっている」ではなく、「させていただいている」という思いでやってください。

お互いに苦しいのに「あなたに何かさせていただけることが本当に嬉しい」という思いでいる人を嫌いになれるはずはありません。

「感謝」と「共感」ができたら、
どんな人間関係も
問題が起こるはずがない。
だからまず感謝。

支え方

落ち込んでいる人と同じジェットコースターには乗らない

精神科専門医として年に数度、精神疾患の家族のための講演を依頼されることがあります。

そこに来られる方は、うつ病の患者さんを家族が一体となってサポートされているわけですから、疲れ切っておられることも非常に多いです。場合によって、サポートしている側が、うつ状態なんてことも少なくありません。

以前はそういう方に対して、教科書的な講演をしていました。

「寄り添ってあげてください」

「こんなふうにサポートしてあげてください」

こんなふうに「支え方」に着目してお伝えしていたのです。

ところが、それを聞いたご家族の方々が、

「これ以上、頑張れない……」

と、肩を落として帰られることも多く、このままではいけないとメッセージを変えることにしました。


「患者さんに寄り添う必要はありません。

まずは、自分の健康を第一に考えて休むことを最重要視してください」


そうお伝えした途端、死んだような目をしていたご家族の目に輝きが出て青白い顔色が変わるのが分かりました。みるみる元気になっていきました。

わざわざ講演会に来るくらいですから、みなさんお優しく、寄り添いすぎていたのです。

例えばうつ状態の患者さんは急に泣き出したり、急に怒り出したり、夜寝なかったりと落ち着かないことも多く、毎回すべての訴えに寄り添っていたら心が折れてしまいます。

そうでなくとも、落ち込んでいる人の気分の波に寄り添うというのは、ちょうど「ジェットコースターに乗りながら隣で支えなさい」と言われているようなものです。

そんなことを毎日していたら本当に助けてあげたい時に、助けてあげられなくなります。

ですから、ジェットコースターに一緒に乗るのではなく、自分はメリーゴーランドに乗って、「こっちのほうが楽しいよ」と微笑んでいるよう心がけましょう。

相手に合わせて、自分が上がったり下がったりして振り回されるのではなく、「だいたいの基準はここだよ」と示してあげることが大切なのです。

例えば、夫がうつ病なのに、自分は楽しんではいけないと我慢される奥さんをよく見かけます。

自分が充電できていないのに、エネルギーをすべて注いで寄り添っては自分が消耗してしまいます。

そうなると、今度は、病気のせいで家でごろごろしている夫に怒りを感じ、責めてしまうのです。

そうして結果的にそんな自分に嫌悪感や罪悪感を感じ自分を責めてしまうという悪循環を引き起こします。

罪悪感を持つことは、しわしわになってひびの入った心をさらに槍でつつくような行為です。そんな状態では、乗り越えなくてはならない問題をますます難しくしてしまいます。

また、これは妻が育児ノイローゼで、ずっと家でサポートされていた旦那さんのお話です。

彼もまたパートナーに寄り添いすぎ、職場では上司のストレス、家では妻のストレスと行き場がなくなり、うつ状態に至りました。

自分が一家の大黒柱という自覚も大切ですが、自分が壊れてしまったら、家族が崩壊してしまいます。

それは誰よりも責任感が強いあなたが一番したくないことだと思います。

もし妻の立場であれば、自分はジェットコースターから降りて、ママ友とおいしいランチを思う存分食べてください。

その時に、夫への不満をぶちまけていいんです。

それは夫の陰口ではありません。

そうして充電した状態で、夫のしてほしいことをかなえてあげましょう。

もし夫の立場なら、妻に3時間の1人の時間をプレゼントして美容室に行ってもらいましょう。そして、その代わりに、自分も自由時間をもらってやりたいことを存分に楽しんでください。

友人とご飯に行かれるなら、その時には、愚痴って泣いたっていいんです。

だってそれくらいあなたは頑張っているのですから。

「苦労は分かち合うと半分になる」といいますが、分かち合いすぎて自分のエネルギーが奪われては本末転倒です。

相手に寄り添いすぎず、自分が幸せな状態を維持することで、そのエネルギーが患者さんに伝わり、「そういえば元気な時ってこんな感じだよな」と、本来の自分を思い出す。

そんな分かち合いが、素晴らしいと思うのです。

相手を支えるためには、
まずは自分が幸せになる。
そのためにまずは、
「常に寄り添う」をやめる。

第3章

心だけでも、新しい自分に生まれ変わる

自殺の考察

精神医学的に見て、人はなぜ死にたくなるのか？

昨今、芸能人の多くの方が自ら命を絶っています。

厚生労働省が発表した警察庁自殺統計データによると、令和元年においては、2万169名の方が自殺によりあの世へと旅立たれたそうです。

ひょっとしたら自分が死にたくなったから死ぬ前にこの本を手に取った、という方もいるでしょう。

では、人はなぜ死にたくなるのでしょう？

それは、真剣に生きている証拠だといえます。

人生の目的や自分の使命にこだわっている人ほど、人々に希望や感動を与えることこそが生きる価値だと考えています。

そのため生きる価値を得るために一生懸命になるのです。

これ自体は素晴らしい考えで、私もそうあれたらなあと思うこともあります。

ただし、問題は突き詰めすぎることにあります。

一生懸命に生きている人たちは深層心理下で、自分が人に希望や感動を与えられないなら、生きている価値がないとも思っているのです。

そして、思い通りにならない現実を目の前に、こんな自分なら死んだほうがいいと錯覚し、本当に実行してしまいます。

真面目な方であれば、「確かにそう考えちゃうのも無理はないよなあ」と思うかもしれません。しかし、その思いが正しかったとして、本当に死んだほうがいいのでしょうか？

少し大げさに感じるかもしれませんが、我々全生命体は「宇宙船地球号」の仲間たちといえます。

この地球の動植物すべてがみんな家族だとして、ライオンにおびえながら一生懸命生きているシマウマさんや、冬眠のために鮭を捕りたいのに漁獲量が激減して困っているツキノワグマさんからしたら、

「自分に価値がない」というたった1つの思いで、死を決行してしまう人間を横目で見たら「なんとまあ一方的な」と絶句することでしょう。

また、大いなる地球の生命の循環からしたら、「えっ、どういうこと?」ときっと不思議に思うでしょう。

あなたは本当に一生懸命頑張りました。

事態を良くするためにどれほど努力したでしょう。

その結論として何度も何度も必死に考えて、死にたくなったあなたの考えを否

定するつもりなんて毛頭ありません。

ただ、これだけは問いたい。

こんなに疲れ果てるぐらい一生懸命「生きること」と向き合ってきたあなたは、本当に死にたいのでしょうか?

あなたの五感は本当に死にたいのでしょうか?

あなたの心臓は一生懸命いまも脈打っていますが、本当に死にたいのでしょうか?

そして60兆の細胞はどうでしょう?

あなたの思考に引っ張られた憂鬱の感情ではなく、花やネコに癒され、ゲームに熱中する心は本当に死にたいのでしょうか?

あなたは、いまの生き方に疲れて絶望しているだけです。

だからこそ、死ぬという選択肢を選ぶ前に、以前の生き方をおしまいにして、別の生き方を選んでみませんか？

「何かをする（do）」にこだわり、できないと不安になったり価値がないと絶望したりするのではなく、「ただある（be）」を許し、それを認めてあげる。

野に咲く花は、どんな環境に咲いたとしても、「死にたい」とは言いません。

ただ咲いているのです。

あなたはいま、生きている。

ただ生きている。

そして、あなたが死にたいのは、誰よりも、何よりも、誠実に一生懸命生きたいと願って、それを頑張ってきたから。

疲れ果てるぐらい
「生きること」と
向き合ってきたあなたは
本当に死にたいのだろうか？

本音の見つけ方

「死にたい」の裏側に隠れた「生きたい」

私が以前診ていた患者さんで印象深い青年がいました。

その青年は、中学の頃は少し勉強しただけですぐに良い成績が取れたため、周囲から期待される学生でした。

進学した高校も、地元では1、2番を争う公立校。

ところが、自分の能力を過信した結果、勉強は疎かになり、成績は急降下。

なんとか高校を卒業するも、大学受験でうまくいかず、二浪目が決定。

ちょうどそのあたりから、意欲低下が出現し、予備校に通えなくなり、その代わり私のクリニックへの通院が始まりました。

通院当初から、「自分は二浪もしてダメな人間だ」「自分には生きる価値がない」といった自己否定の訴えが続きました。

青年の良いところを伝えようが、「そういう情けをかけられると余計に死にたくなります」と死への思いを訴える有様。

時にはリストカットなどの症状も現れるようになりました。

自分も浪人生の孤独は理解していましたし、「他の大人は、偽善的で信用できないが、先生は違う。先生と話すと気持ちが楽になる」と言ってくれていたので、2週間に一度の診察は続けていました。

しかし、抑うつ症状は良くならず、患者さんの死にたい気持ちが変えられないまま9か月。

「死なないでほしい」という一心で、一生懸命説得し、「とりあえず2週間、生きていてもらう」というカウンセリングを続けてきました。

ところがいよいよ私にも疲れが出てしまい、ぼろっと、

「死にたい気持ちは否定しないけれど、そもそも、なんでそんなに死にたいんだろうね」と本音が出た瞬間がありました。

その時、患者さんが少し考えてから、

「実はもともと父は勉学も優秀で、12歳までは、俺と弟の話をよく聞いてくれました。そして、僕らが寝た後、12時ぐらいから午前3時ぐらいまで残業を自室でしていたんです。

本当にすごい人で……。ある時に三島由紀夫について語り合った時がありました。

父が言うのです。『俺は三島由紀夫みたいに自決する勇気はない』と。

それに対し、『俺は、絶対にいつか自決する』ととっさに言ってしまって。その時の父親の驚いた顔が忘れられません」

と言うのです。

その時、初めて患者さんの「死にたい」という表現の裏に隠れた、本当の思いが分かりました。

優秀な大学を卒業して、人格的にも素晴らしい父親と、二浪もして精神科にかかっている出来の悪い息子。

そう思い込んでいる患者さんにとっては、自決することは、超えられない父親を超えることができる唯一の方法だったのです。

言い換えればそれぐらい「父親に認めてほしい」という思いがあった。それぐらい父親が大好きだったのです。

そして同時に、なんで彼が私にだけ心を開いていたのかも分かりました。

私が三浪してくじけそうになったけれど、父が医者なので「負けてたまるか」と石にかじりついてでも医者になろうと思ったこと。

外科医である父親に対して、「人体を物のように扱い、ただ病変を切ればいい」

と思っているという反発から、精神科医になったこと。
ベッド数800を超える総合病院の院長だった父に対して、町医者を選んだ私。それは格下に見られても、組織的で事務的な医療ではなく、血の通った医療に挑戦しようという思いからであること。

こんなふうに父に反発して、真逆のことをやってきた私。
そして、「父には敵わない」と落胆して、父を超えるために自決を決心し、何度も死のうと試みる彼。

この2人、世の中での見え方、表れ方は違っても、同類で、彼は私の中に自分を見て、私は彼の中に自分を見ていたのです。

これに気が付いた次の週、彼のお父さんも呼んで、
「彼は本当は死にたいのではなく、父親に認められたいのだ」ということを私の

話も含めてお伝えしました。

その話を聞き終えると、彼も父親も腑に落ちたようで、それから彼の「死にたい」という思いはかなりおさまりました。

この本を手に取った方で、実際に「死にたい」と思っている方も多いと思います。その気持ちは否定しません。

ただ、その気持ちを置いて、ちょっとだけ考えてみてください。

もしかしたら、その死にたい原因の本質は、父親に否定されたからではないでしょうか？　もしくは母親に否定されたからではないでしょうか？

だとしたら、本当は、「死にたい」のではなく、父親や母親に認めてもらいたいだけなのかもしれません。

もしそうだとしたら、青年＝私＝あなたです。

彼が死ぬことをもったいないと思ってくれたとしたら、あなたが死ぬことももったいないのです。

あなたには生きる価値があります。

1つ1つの思いを大切に、死を思うぐらい真剣に、真面目に生きているんですから。

「死にたい」という現れ方に騙されず、その表現型に隠された、本当の思いを見つけてみてください。

あなたは、本当はなぜ死にたいのですか?

「死にたい」という
現れ方に騙されず、
その表現型を取った、
本音を見つけてみる。

防衛能力

うつ状態になったあなたは素晴らしい！

48歳の男性に相談を受けた時のことです。

診察室にて話を伺うと、「自分はもうだめになった。何を目標に生きていけばいいか分からない」とおっしゃるのです。


この男性は、誰よりも早く出社して会社のカギを開け、誰よりも遅くまで残って会社のカギを締めるような、バリバリ働く生活を15年続けてきたそうです。

ところが、頑張りすぎがたたったのでしょう。心筋梗塞になって倒れてしまい、それ以来、自分に価値を感じられなくなってうつになったのでした。

頑張ろうとすると心臓が苦しくなったり、やる気も前よりめっきり減ってしまったり。自分がどう生きていいか分からない状態で、上司からも「以前に比べて働けないこと」をがっかりされているということでした。

この話を聞いて、内科研修医時代のある患者さんと家族のことを思い出しました。

2000年の冬。当直の深夜2時くらいに、40歳のその患者さんは意識不明の重体で運ばれてきました。肩幅が広く、体格のいい男性でした。

頭部CTを行うと、左脳の広範囲の出血です。人工呼吸器を含め、あらゆる処置を施しましたが、脳外科の先生の到着を待つまでもなく、その患者さんはお亡くなりになりました。

5歳の娘さんと一緒に来た奥さんは放心状態で亡くなった旦那さんの話を始めました。

聞けば、もともと高校大学とラグビー部で、病気1つしたことはなく、徹夜してもピンピンしていたとのお話でした。時間が経ち「なんでこんなに元気だったうちの夫が」と泣きながら話す奥さんの言葉を聞いて、「またか」という無念の思いがよぎりました。

と言うのも、一見元気な方が急に亡くなる話はめずらしくはないからです。

何が起こっているのかというと、本当は元気なのではなく、体が「つらい、苦しい」という警報をうまく出せていないだけなのです。

インフルエンザを例に取りましょう。特に子供は、39．5度ぐらいの熱を平気で出し、びっくりした親が慌てて病院に連れていきます。多くは心配ありません。なぜなら、高熱はインフルエンザが原因で起きているわけではないからです。40度近辺の熱でウイルスが失活（死んでしまう）することを体は本能的に知っています。ですから、体がインフルエンザに対する正しい免疫反応として体の熱の設定をわざわざ変更して、高熱にしているだけなのです。

つまり、体の能力を駆使してちゃんと熱を上げているのです。

本当は医者はそのことを知っています。ですが、患者さんの「熱を下げたい」という要望に応えるため、また、何万人かに1人の高熱による意識障がいのリスクを避けるため、しぶしぶ抗ウイルス薬と解熱剤を出しているのです。

先ほどの患者さんはどうでしょう。体力に自信があったために体の悲鳴を感じていても、「自分は大丈夫!」と過信していたこともあったと思います。結果的にそれがあだになり亡くなってしまったのですから、いたたまれない気持ちになります。

私が現在診ている患者さんは、逆に憂鬱で以前のようにはやる気がなく、全く自信をなくしてしまっています。

そのことが私には素晴らしい状況にしか見えません。

なぜなら、これは無茶できないように頭のやる気物質の分泌を抑える体の防衛反応であり、見事な能力にしか見えないからです。

体は残念ながら話すことはできません。

ですが、症状を通じて〝何か〟をあなたに知らせようとしています。

アレルギーは、「食べてはいけない」というメッセージを伝えるために、体に反応を起こします。

鼻水は、体に入った異物を必死にかき出そうと、出るのです。

「自分の価値」を見出そうと必死にもがき、みんなの仕事を引き受けるような無茶をしているなら、体は、あなたに「そんなに無茶しなくていいんだよ」というメッセージを伝えるためにわざとやる気を出させないようにします。

それを「病気」と呼ぶならば、無理して治す必要はないのです。

症状は、「厄介ごと」ではなく、素晴らしい能力です。
自分の頭の考えに振り回されすぎず、もっと体の声に耳をすましてください。
頑張っている体をいたわってあげてください。

それを上司が鼻で笑っても気にしないでください。
上司という指揮官にとって、ゲームの駒としては、戦闘力、持久力、移動力の高い駒が重宝されます。

しかしあなたは、会社間競争のゲームの駒ではありません。
あなたの人生はあなたのものです。

「頑張ること」だけが人生のプラスではありません。**「頑張らないこと」も人生においては大事なプラスなのです。**

症状は、「厄介ごと」ではない。
体があなたに伝える
ＳＯＳであり、
素晴らしい能力。

いまを生きる

人を必ず落ち込ませる強力な魔法

ここで紹介するのは、「人を落ち込ませる魔法」についてです。

「えっ、精神科医が何を書いてるの？」とびっくりされたかもしれません。

しかしこれはあなたに生きる勇気を与えるために、非常に大切なことなので、よければこのまま読み進めてください。

それでは早速、松田聖子さんを落ち込ませてみましょう。

地方ロケの聖子さんに偶然出会ったら、こう言ってみるのです。

「聖子ちゃん、デビュー曲からの大ファンです。

本当にあの当時の聖子ちゃんといったら、国民的大スターで、アイドル中のアイドルで……。

でもいまの聖子ちゃんは、娘と喧嘩しただの、仲直りしただの、そんな話題でしかテレビに出られなくて……。

芸能界って厳しいところですね。でも、頑張ってくださいね」


この発言で、おそらく聖子さんは100％落ち込むでしょう。

なぜなら、自分が輝いていた黄金時代と現在を比べられると、その落差に大抵の人は落ち込んでしまうからです。


では、これを自分に置き換えてみるとどうでしょうか？

男性にモテモテだった若い頃。

輝いていた学生生活。

仕事にやりがいがあった20代。

みんな仲が良かった前の職場……等々、最高の思い出と現在を比べたら、ほとんどの人が、「あの時は、自分でも思う通りにやれてたなぁ。楽しかったなぁ」と思い、惨めで憂鬱になると思います。


実際に通院中の患者さんにも、「あの時はできていた」と過去の栄光にこだわり時間が止まっている方を多く見かけます。

「大学時代が一番楽しかった。あの頃に戻りたい」とか、

「いまの旦那の前の彼氏といた時の自分が、一番美しく輝いていた」とか。


しかし、これをしている限りは、未来には進めず、治療も停滞してしまいます。

必ず落ち込ませる強力な魔法「過去と現在を比べ、いまできないことを悲観させる」。

これはあまりにも確実で悪魔的なので、この魔法は決して自分にかけてはいけ

ません。

ではどうしたらいいでしょう？

これについて、日本人の多くが知っていて、「先生」と呼ぶ金八先生はどう乗り越えたのかが、参考になるかもしれません。

俳優の武田鉄矢さんは、ドラマ『3年B組金八先生』で大ブレークし、芸能界でも人気者として多くのドラマに出演していました。

しかし、42歳の時。『101回目のプロポーズ』という高視聴率のドラマで再び多忙になったあたりで、うつ状態になったそうです。

「やたら疲れるんだよね。考え方がやたら暗くなるし。でも事務所が休みをくれると、これきり仕事がこなくなるんじゃないかと思ってしまう」と「仕事がある苦痛」と「仕事がない不安」をテレビ番組で語られていました。

そこからうつ状態は60歳を超えるまで20年以上続き、心臓弁置換手術などの大手術を経て、老いていく自分にさらに自信がなくなっていったようですが、ある言葉に救われたようです。

「人生は山登りに似ている。
登った限りは下りなければいけません。
登りっぱなしのことを遭難といいます」

これは心理学者・ユングの言葉です。

多くの人は、もっと上、もっと上と成長したり、進歩したりすることが素晴らしいと思っています。

だからこそ、永遠に山に登り続けようとします。

その「もっと、もっと」は地位だったり、お金だったり、名誉だったりするかもしれません。
しかし、人間は、体力が衰え、目が見えなくなり、白髪がふえ、できていたことができなくなります。

赤ちゃんがおむつをしながら、ハイハイして次第に歩いて、そして走れるようになるように、頂上に登ったら、その後は次第に走れなくなり、高齢者になったら歩くのも大変になり、おむつをするようになるのです。

これは決して恥ずかしいことではありません。自然の摂理です。
それに、私たちは年を重ねることで、体力は奪われていくかもしれませんが、その代わりにかけがえのない経験を手に入れます。

失う代わりに得るものがある。

これもまた自然の摂理といえます。

だから、できていたことができなくなっても気にしない。
ちゃんと登ってきたように、ちゃんと下っている自分を認めてあげましょう。
それが、強力な魔法にかからない唯一の方法です。

人生は山登り。
登るだけでなく、
ちゃんと下ろう。

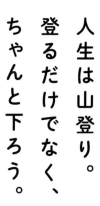

情報断食

1週間前にネットで得た情報を覚えていますか？

精神科の外来をやっていると、現代人は本当に情報に振り回されているなと思わされます。

例えば脳梗塞という病気を例に取りましょう。

この脳梗塞。代表的な「心配をもたらす症状」に、めまいと吐き気があります。

まずこの「めまい」という症状について。

人間は「動脈」の血流量と「静脈」の血流量が大体同じだと、何も症状が起きません。

ところが何らかの緊張を感じると、筋肉が緊張し事態は変わります。

身体の中心部を通る動脈と違って、静脈は筋肉の間を出たり入ったりしています。ですから、緊張した筋肉に圧迫されると、当然つぶされて、血流が悪化するのです。そうなると静脈を通れない血液の一部は心臓に戻ろうとする時、リンパ管を通らざるを得ません。

これが耳の周囲で起こると軽めの「内リンパ水腫」と呼ばれる現象となり、めまいや耳鳴りの原因となるというわけです。

ところが、めまいや耳鳴りが起こると、なまじテレビで仕入れた知識があるので脳梗塞ではないかと多くの人が心配されます。

もちろん脳外科に行ってCTを撮っても「異常なし」の判断。ところが今度は症状の原因が特定できないことに余計に不安は募り……。

その結果、筋肉が緊張して、またまめいが起こるという悪循環を繰り返してしまうのです。

特に、秋口、木枯らしが吹いてマフラーもせずに首を冷やすと筋肉が緊張して、先ほどのようなシステムが働きます。

もちろんこれはなんの異常でもありません。

それなのに、ネットの情報を鵜呑みにして、そのめまいを病気だと勘違いしてしまう方が多いこと。

11月の急に冷え込んだある日、全く同じめまいを訴えとして、4名の新患を診察したことがありました。

「なんだか、4クラスの授業を受け持って、すべてのクラスで同じネタのギャグを話す学校の先生のようだな」と思わず苦笑してしまいました。

続いて「吐き気」について。

この症状もテレビではよく脳の重大な障がいを表すサインと紹介されます。

しかし、心と体は表裏一体。

精神科的には多くの吐き気は、「受け入れたくない」という思いが、体に現れたものととらえます。

漫画やドラマで、新米刑事が、「俺が犯人を捕まえます」といきがって事件現場に乗り込む場合。その現場のむごさに、「おえーっ」と吐いて、ベテランがやれやれと介抱している絵が思い浮かびませんか?

人間は、受け入れたくないことがあると、嗚咽や嘔気が出ます。
もちろんそれ自体は病気ではありません。
最近は職場に行こうとすると吐き気が出たり、実際に吐いたりする方が増えています。これもまた「脳の病気」と誤解していろんな病院を受診しては原因が分からず、不安からさらに別の病院を受診される方を見かけます。

原因が特定できないのは、不治の病だからではありません。

体の正常な反応の中でただ症状が起こるだけなのです。

それなのに、余計な病気をネットの中で発見し、無駄な不安や緊張を引き起こして症状を悪化させています。

インターネットは便利である反面、時に毒となります。

インターネットが生まれる前、いまから30年前と、現代人を比べると、だいたい20倍の情報量にさらされているといわれています。

つまり、現代人は生きているだけで、情報に振り回されて、頭がパンクしている状態が当たり前になっているのです。

中にはそのパンク状態にさらなる仕事の負荷がかかり、自分には仕事を処理できる能力がないと勘違いし、死を考える方までいらっしゃいます。

でもよく考えてみてください。

「1週間前の同じ曜日にネットサーフィンしたことで印象に残ったことを3つ挙げてください」と言われたら答えられますか？

もちろん私もそうですが、おそらくほとんどの人は何1つ挙げられないと思います。

ということは逆に、私が今日スマホで1時間45分の間に検索・閲覧した16個の記事（ちゃんと調べてみました。笑）も、来週のいま頃には、全く残っていないということ。

そう。私たちはごみにすらならない情報に1日の多くの時間を費やし、脳を疲れさせて、心を弱らせているのです。

これからは、周りの情報に振り回されず、情報の断捨離をしましょう。

何かしていないと「時間を無駄にしている」と錯覚して、ただでさえ仕事や家事で疲れている脳みそに、新たな情報を詰め込むのはやめましょう。

パソコンやスマートフォンのCPUやメモリ（脳みその部分）は、使用されていない状態、解放されていてこそ真の能力を発揮できるのですから。

頭を働かせるために、
頭を空っぽにしよう。
大丈夫。ネットで見る情報は、
ほとんどが人生に必要ない。

喜びの正体

「2種類の喜び」を使い分けて、虚しさを遠ざける

精神科のクリニックで診療をしていると、だいたい1日に2人は「死にたい」と訴えてこられます。

そこで「なぜ死にたいの?」と聞くと、

「だって、生きていてもつまらないし、虚しいだけだから」と話をしてくれる方がとても多いことに気づかされます。

「稼いだお金をパーッと使ってみても、何も達成感が得られなかった」と嘆く男性や、「私ばっかり、家族に料理を作らされて、私はただの家政婦なのかと虚しくなってしまう」と目に涙をためながら話される女性もいます。

それでは、あなたがつまらなくて、虚しい理由は、何だと思いますか？

それは、この世の中の「2種類の喜び」をごちゃ混ぜにしていることが原因だと考えられます。

- **インスタ映えするおいしいパフェを食べること**
- **かわいいハンドバッグを買って嬉しくなること**
- **チケットを買ってディズニーランドで目一杯、遊ぶこと**
- **農家の方が手間暇かけて作った新米を買って、おいしくいただくこと**

これらは、「消費する喜び」といわれている喜びです。

「消費する喜び」の特徴は、「ラクで楽しいけれど達成感がないこと」。

「楽しさ」がすぐに得られて良い反面、達成感が得られないため、これだけでは虚しくなってしまいます。

一方、次の4つは、「生産する喜び」です。

- **農家の方が、田んぼを耕し、稲を植えて育て、収穫すること**
- **芸術家が身を削り自分の分身である作品を創造すること**
- **親が子供を育てること**
- **あなたが大好きな人に料理を作ってあげること**

この喜びの特徴は、「過程が苦しいが達成感が得られること」です。
ただ、達成感が得られるまで時間がかかって苦しいともいえます。そのため、自分が疲れて何をしているか分からなくなると虚しくなってしまいます。

すべての現象はコインの裏表。
あるメリットには、必ずデメリットが付いてきます。

例えば、ずっと欲しかったバッグを、ある日突然、誰かにプレゼントされたとします。

こんな時、最初は嬉しかったけど、家に持ち帰ると途端に興味がなくなってしまったという経験はないでしょうか？

この現象が起きたのは、「消費する喜び」と、必死に働いてお金を増やすという「生産する喜び」がごちゃ混ぜになってしまったからです。

「消費する喜び」には、残念なことに少しずつお金をためて買った時の達成感は付いてきません。

また例えば、彼に自慢の手料理を食べてもらうことが、最初は嬉しかった。だけど、だんだん食材を買いに行ったり、片付けが面倒になってきたりなんて経験はないでしょうか。

これもまた、「消費する喜び」と「生産する喜び」がごちゃ混ぜになってしまって起きた現象です。

「生産する喜び」には、苦労や困難が必ずセットで付いてきます。しかし、その途中の〝めんどうくささ〟をどこかで「虚しさ」と思い込んでしまったのでしょう。

「消費する喜び」と「生産する喜び」。

これは呼吸のように、一対で存在します。

どちらが正しいか、間違っているかということではありません。

息を吸うことで酸素は入り、息を吐くことで二酸化炭素が出ていく。

どちらも、生きていくためには必要で大切な行為です。

しかしだからといって、「吸う」と「吐く」を同時に得ることはできないのです。

達成感を諦める代わりに、リラックスして楽しさや喜びを心から味わうのか。

困難さや大変さに喜びを見出し、達成感を得るのか。

自分がどちらの喜びを目指していて、そしてどちらの道の途中にいるかを理解すると、虚しさの原因が分かって、もっと生きやすくなると思います。

生産する喜びと、
消費する喜びを区別する。
どちらが大事ではなく、
どちらも大事。

人生の残り時間

生が無限だと思うから死にたくなる

私の妻の愛猫で、結婚を機に実家に置いてきた猫がいました。

4月4日生まれなので、「ゾロ」と名付けられたその猫はとてもおおらかでみんなの癒しでした。

ところが、2020年9月末。右首に10センチのできものができて、苦しそうにしているので動物病院に連れていくことになりました。

1軒目の動物病院では、

「エコー検査にて血腫（細胞の増殖したものではなく、血の塊）で出血原因は特定できないため、まず1回血を抜いて様子を見ましょう」と判断されました。

いったん腫れはひきましたが、翌日にはすぐに腫れが戻るということを繰り返し、なかなか改善がないので、病院を変えることにしました。

2軒目の動物病院でもエコー検査で同様に判断され、注射器で抜いた血液細胞には腫瘍細胞が現れません。つまり、悪性のものではないと判断されたのです。

しかし、徐々に貧血傾向が出てきて、若干食欲がなくなっているため、点滴をしてもらうことに。

ここでも注射器で腫れた部分から血液を抜いても、1日で元に戻るということを繰り返しました。

原因を獣医師に尋ねるも「分からない。いまの方法で様子を見ていくしかない」と消極的な答え。

注射器で血液を抜いては腫れるの繰り返し。そのうちに腫れが2倍の20センチに増大し、地域の動物病院での治療に限界を感じ、我が家で猫を預かり、3軒目の病院を探しました。

3軒目の腫瘍を専門にしている病院では、エコー検査で、血腫もあるが、腫瘍性病変（良性でも悪性でも細胞が増殖したもの）もあるとのこと。

「切除も考えCTでの検査がしたい。だが、CTを撮るためには全身麻酔が必要なので、そのリスクを考えないといけない」と言われ、様子を見ている間に、だんだん柔らかかった腫れが固くなり、食事も食べなくなってしまいました。

さらにゾロは、血尿を流し、ほとんど寝たきりで動くことができなくなってしまったのです。

1日5回、自宅で鉄剤や止血剤を混ぜた流動食を作り、注射器で口から流すなどの看病が続き、寝不足の日が続きました。

異常を悟った先生のご厚意により、11月下旬に総合動物病院でCT検査をすることになりました。

4軒目の総合動物病院でのCTでの検査結果は、「血管肉腫」。

悪性度の高いガンが首の右半分から右肩甲骨全体を覆っており、その大きさは20センチにも達しているとのこと。

両肺と腹部大動脈周囲への転移が認められ、また貧血がひどく麻酔もかけることができないと言うのです。

さらには血小板が少なく血が止まりにくいためメスを入れることもできず、予後も言えないほど一緒にいられる時間がないことが分かりました。

最後は自宅で点滴を行いましたが、治療のかいもなく、ゾロは亡くなりました。

この期間、たった2か月のできごとです。

2か月の間で、ただの血の塊の診断が、末期ガンの診断に変更になってしまいました。

この動揺と落ち込みは筆舌に尽くしがたいものがあり、愛猫の命のタイムリミットを前にして、本当に生きてほしいと思いましたし、残される自分は生を大切にしなくてはと強く思いました。

人は、時に死にたくなるくらいつらくなってしまうものです。ところが、それはおそらく、心のどこかで「苦しい状況のまま生き続けるのはつらい。だからこのつらさをなくしたい」と死を考えてしまうからだと思います。しかし、生が無限ではなく、限りがあると分かると、命に対する思いの重みが変わってきます。

誤解を恐れずに言うと、「生が無限だと思うから死にたくなり、生に限りがあると思うと生きたくなるのです」

2か月前は元気に走り回っていた愛猫を思い出すと、もっと抱きしめてあげれば良かった、もっと早く病状に気づいてあげれば良かったと胸が苦しくなります。毎日が当たり前のように過ぎていくので、生がずっと続くと思っていました。

でももう抱きしめるために時間をさかのぼることはできません。

いまのこの1日1日、この一瞬一瞬が、とても貴重で大事な時間だということを愛猫を通して気づかされました。


生は有限です。

生きているということは、素晴らしい奇跡なのです。


そしてその奇跡にはいつか終わりがあり、いまこの瞬間は二度と帰ってはこないのです。

もしそうなら、その1日1日を、「ああすれば良かった」とか、「なんで分かってくれないんだろう」というような、後悔や、不満のようなどうでもいい悩みで満たし続けるのは本当にもったいないことです。

過去には戻ることができないからこそ、この瞬間を、決して後悔のない素晴らしい思いでいっぱいにしてください。

かけがえのない大切な人やペットとの、楽しい思い出をたくさん作ってください。

それが、私が愛猫から最後に託されたメッセージです。

生が無限だと思うから
死にたくなり、
生に限りがあると思うと
生きたくなる。

第4章

生きている人が
できることは、
生きること

人生のルール

人生は、途中まで苦労しないとつまらない

仕事がら、ジャンル問わず様々な本を読みます。

その中で、私がおもしろかったと思う本に、新聞記者の方が書いた「死後の世界の話」があります。

主な登場人物は、新聞記者の妻と演奏家の夫。夫が死んでからしばらくののち、妻の元に天国の夫からのメッセージが届きます。

最初は、「天国は素晴らしい」「欲しいものが何でも手に入る」という肯定的な話ばかりでした。

ところが、徐々に夫は天国に対して退屈してきます。

なぜなら、天国では思ったことは何でもかなうので、

頑張って努力して何かを得るという「達成感」や、
当たるか外れるか分からない「ドキドキ感」が得られないからだと言うのです。
そこで夫は、再び不自由で、なかなか思い通りにならないこの世に憧れ、生まれ変わりを望むという結末を迎えます。

私は現代医学を仕事にしている医師で、霊媒師ではないので、天国やあの世があるかどうかは分かりません。

しかし、仮に天国があったとしてです。

さらに、あの世からこの世に生まれ変わりもあるとしたら、
なぜこの世が思うようにならないのか？

そのことが、この話を聞いてとても納得できました。


これは私が三浪中の話です。なかなか受験勉強の結果が出ず、勉強も嫌になり、やけになってゲームセンターに入り浸っていたことがありました。

そのゲームセンターには、「格闘ゲームの神」と呼ばれる人物がいました。向かうところ敵なし。誰が挑んでも、どんなにコンピューターが強くても、一瞬で神は敵を倒してしまうのです。

そんなこともあってか、だんだん神は退屈してきたのでしょう。

ある日から闘い方を変えました。

ゲームがスタートしても、敵にやられっぱなしなのです。

なんと、神がコントローラーを手にするのは、あと1回パンチされたら負けのところまでわざと無防備で敵の攻撃を受け、ライフを減らしてからです。

やるか、やられるか。その闘い方になってから神はより一層生き生きしているように見えました。

周りも、その状況にエキサイティングし、神が勝つと、ゲームセンター中に拍手が巻き起こっていたほどでした。

そうです。ゲームは難しいほど、クリアした時に本人は楽しく、周囲も熱狂す

るのです。


そして、人生もまた壮大な時間をかけたゲームです。

これが、人生が思うようにいかない秘密。

途中までは苦労しないと人生はつまらないから、あえて大変なように設定されているのです。

80面をクリアするのに、1回もライフが減らず、オールクリアできるゲーム。

それは、クソゲー(つまらないゲーム)です。

この本を手に取るほどに難しい人生を送るあなたは、きっと本当は神。

せっかく難しい人生を選択したなら、それを思い切り楽しんでくださいね。

ゲームは難しいほど楽しく、
周りもそれを見て熱狂する。
それは人生も同じである。

新しいステージ

「死」は人生のリセットではない

あなたには居場所がありますか？

そう質問した時に、自信を持って「あります」と言える人は少ないと思います。

「それを探しているけど見つかりません」と話す方や、

「居場所がないので生きていても仕方ないと思った」と自殺を試みて、死にきれなくて来院された方もいます。


私たちは、父と母がいて、その間に生まれてきました。

家庭の仕組みはちょうど、

「お父さん」という大きい丸太と、

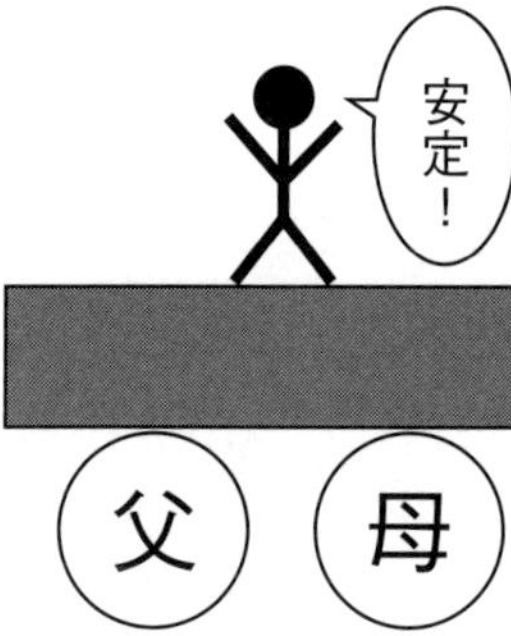

「お母さん」という大きい丸太があって、その上に分厚い板が敷いてある状態で表されます。

その板の上で飛んだり跳ねたり寝転んだりしているのが、子供であるあなたです。

ここで何をやっても、愛される、癒される、大丈夫と思うと、安心して家庭という基地から外に飛び出せます。

そこで初めて友達に出会います。

そんな時、例えばおままごと遊びをしたくて、自分がお母さん役をやりたいと言いました。ところが、ジャイ子みたいな子が「私がお母さん役、あなたは宅配便屋さんをやりなさい」と否定されてしまうかもしれません。

傷ついて悲しくなって、家に帰ってきた時に、「つらかったわね」とお母さんが無条件の愛で、抱きしめてくれる。

そしてお父さんが、「そんなことをしていてはいずれジャイ子ちゃんからみんなが離れて、みんなが楽しくなくなってしまう。『代わりばんこでやろうよ』とジャイ子ちゃんに勇気を出して言ってごらん」とお父さんに勇気をもらう。

こうして心の電池が充電されて、また外に向かって飛び立っていく。

外でいくら傷ついても、家で愛情を繰り返しもらいながら、あなたは、「本当は私は何がしたいか？」という思いをはぐくみ、それに沿って生きていきます。

つまり生きる中心を「自分」に据える。言い換えれば自分軸で考え行動することができるのです。

これがうまくいくと、自分という軸で自立して生きていくので、大人になり、たとえ両親が亡くなっても、立ち上がり、また自分の道を進んでいくことができ

ます。

　ところが、両親が不仲だったり、離婚や死別で一人親だったり、両親の仲が悪くなくても嫁姑問題があったりすると、バランスが取りづらくなります。

　そうなると、板の上で飛んだり跳ねたりすることができず、しがみついているだけで精いっぱいになってしまいます。

　さらに、母の動きに合わせて自分も動かないと、家がひっくり返って壊れてしまうので、なんとか壊れないようにバランスを取ろうとします。

　こうなってしまうと気が付いた時には、

「生きるとは、相手の顔色をうかがって、相手に合わせてその場を取り繕うこと」と錯覚してしまうのです。

この状態では、「相手にうまく合わせること」＝「生きること」なので、1人でいると、どう生きていいか分からなくなります。

その結果、不安と孤独に苦しんで、わざわざ「合わせる相手」を探してしまいます。

けれでも、これは悪循環。

今度は相手がいると、「合わせなくては」と気疲れして苦しくなって、相手から別れを切り出される不安に耐えきれず、自分から離れていくからです。

これが、生きる中心が他人になってしまう、他人軸の人生です。

こうして生まれるのです。1人でも、誰かと一緒にいても満たされない、居場所のないあなたが。

そうした不安に加え、「自分は存在する価値がない」という思いからは罪悪感、さらにはうつという感情が生まれます。

「私はいつも我慢して相手に合わせている」という思いからは怒りという感情が生まれます。

その、不安、罪悪感、うつ、怒りというマイナスな感情は、まるで坂を転げる雪の玉のように、お互いにくっついては巨大になって、あなたを襲ってくるのです。

こんな状態で生き続けるなら、誰だって、生きるつらさから逃げて、楽になりたいと思うでしょう。

そして、死を選んでしまう。

私は、言いたい。「死」＝「リセット」ではありません。

あの世があって、生まれ変わりがあるなら死はリセットになります。

ですが、もし万一なければ、「死」はただの終わりです。

ネガティブな感覚や感情もなくなりますが、同時にポジティブな感覚や感情も感じられなくなってしまいます。

だからまずは、死なずにリセットしてほしいです。


例えば、「親や夫の言うことを聞かなくてはいけない」と思わずに、いったん親と別居してみる。

別居することで、意外に自分が勝手に気を回して疲れていて、親や夫はそこまであなたに求めていないことが分かるかもしれません。

そこで相手との適切な距離感を発見できるかもしれません。


もしくは、自分の軸を取り戻すために、やりたいと思って諦めていたことを始めてみる。そして、「嬉しい」「楽しい」「おだやか」「幸せ」「のんびり」などの感覚や感情を思いっきり感じてみましょう。

いままでのあなたは、相手に合わせ、反応することにエネルギーを消耗する人生でした。だから、自分という木の根っこには水が注がれず、木は枯れかかっていました。

しかしこれからは、自分という木に思い切り水を与えましょう。枯れかかっていた自分の根っこに水が注がれると、エネルギーが幹や枝葉に満ち溢れ、本当の自分という軸に初めて気が付けるかもしれません。

それは、人によっては、赤ちゃんの頃には確かにあったけど、物心ついた時から封印していた感覚なので、その変化に圧倒され、違和感を感じることすらあるでしょう。

自分を中心にして「生きなおす」ので、いままで他人にとって都合のいい存在だったあなたが変わったことで、友人が去っていくこともあるでしょう。

でも、いままでの自分に違和感がないなら、リセットした意味がありません。

おめでとうございます。その違和感は、自分が新しいステージに立った証拠なのです。

今日が新しい誕生日です。そして、残りの人生の大切な最初の日です。自分軸ですべてを楽しんで生きていきましょう。

変わろうとする時、
たくさんの違和感が生まれる。
だけど、その違和感は、
新しいステージに立った証拠。

ものの見方

引っ込み思案。見方を変えれば、奥ゆかしさ

私たちの多様な社会は、ますますアメーバのように形を変え、拡がりを見せています。

主張する内容もみんなバラバラ。同じ分野の専門家でも千差万別という状態になっています。

例えば、コロナで何千万人もが死亡するという最悪の予測を立てた医者がいれば、「コロナはただの風邪」と主張する医師も現れましたよね。

マスコミは「感染が増加傾向なので、不要不急の外出を避けてください」と真剣に呼びかけたあとに、「ディズニーランドに新アトラクションが登場です。こ

の日を予想して、1週間ディズニーリゾートに宿泊してこの日を待ち望んだ家族に密着取材です」と嬉々として20分の特集を組んでいます。

開いた口が塞がらないとはまさにこのこと。この支離滅裂さはまるで、パラレルワールドに迷い込んだかのようです。

また、この前、高校生のゲーム依存が問題となってアメリカ精神医学会で、「ゲーム依存症」が正式な病名に採用されました。その高校生は1日14時間もゲームをしていることで診断が下されたそうです。

どこかの国において、治療のためにゲームを取り上げられ、ベッドに身体拘束されて暴れる姿がドキュメント番組で放送され衝撃を受けました。

その1週間後のことです。

ニュースで、日本の高校生がeスポーツの大会で優勝し、1億円を獲得したことが特集されていました。

なんとその高校生。インタビューで、1日14時間はゲームに取り組んでいるこ

とを誇らしげに話していたのです！

いままでの時代は、「佐藤」「鈴木」などの姓でのまとまりや、「町内会」や「足立区」や「大田村」などの市区町村単位のまとまり、さらにいえば、「日本」や「アメリカ」などの国家間のまとまりでなんとか運営していました。

そのため、自分たちが〝そこ〟に属するために、必要以上に我慢したり、その一員になるにふさわしいと分かってもらおうとしたりする努力が必要でした。

しかし、この世はもう理念や憲法などたった1つの「正しさ」を決めつけて、全員を右ならえさせることに限界がきていると考えます。

これからは、自分たちが信じる正しさや心地よさ、同じ考えを共有できる人たちがインターネットを介してつくるコミュニティの時代になるのでは、と思うのです。

「コミュニティ」とは、考えや志が同じ仲間がつくる共同体のことです。
その場所では、価値観が同じなので、**例えば、「オタク」という言葉が「一番詳しい神」に変わり、「引っ込み思案」が「奥ゆかしさ」に変わります。**

つまり、いままでマイナスであったことがプラスになり、自分というコインの裏表の両方が必要だと思え、何かをなさなくても存在自体がＯＫと思える状態が得られます。
私も、実際にいくつかのオンラインサロンに入っていますが、その仲間の励ましや助言がなければ、きっと本は出版できていないと思います。

何が正しい、何が正しくないではなく、「みんな正しい」。
そう思って、好きなことをする。

その代わり、他のコミュニティには迷惑をかけないことをルールにして生きていけば、もう正義をかけた戦いをする必要はなくなり、もう少し世の中は生きやすくなります。

周りの人に分かってもらえるように努力する必要はない。分かり合えるもの同士でコミュニティをつくって生活を始める。あなたはそこで誰にも理解されない変わり者から、誰も真似のできない唯一無二の存在になるのです。そんな時代がもう始まっています。

何が正しい、
何が正しくないではなく、
「みんな正しい」。
そう思って、
好きなことをする。

許す力

インドネシア人は、自分も他人の迷惑も優しく許す

追い詰められたり、つらい状況が長く続いたりすると、〃ありえないこと〃を確信してしまう「妄想」という症状が現れることがあります。

特にうつ病でみられる妄想は大きく3つ。

- **何が起きても自分のせいだと落ち込む「罪業妄想」**
- **自分は不治の病で治らないと絶望する「心気妄想」**
- **自分にはお金がないと悲観する「貧困妄想」**

この3つを「うつの三大妄想」と呼んでいます。

この中でも特に他人の目を気にする私たち日本人に多いのは、「今日雨が降って、イベントが中止になったのも、雨男の私が来たからだ。迷惑をかけて申し訳ない」と考えてしまうような「罪業妄想」です。

みなさんも、妄想まではいかなくても、

「自分が行くとその場がしらけるので申し訳ないと思っている」とか、

「自分が試合を見に行くと必ず負けて迷惑をかけるので、スポーツの試合を見に行かないようにしている」と、勝手な罪悪感を持つことがあるのではないでしょうか。

「人に迷惑をかけないようにしなさい」という教えと、その教えを大切に守ろうとする文化は、私たち日本人が誇るべき文化です。

ですが、逆にそれがネックになって、「迷惑をかけるから」と、勝手に自分に

制限をかけて、自分の人生を生きられない人が多いように思います。

そして、その思い込みが強くなると、「私なんかがいると迷惑だ」と罪悪感を感じて人と関わるのを避け、引きこもりになってしまいます。

挙げ句の果てには、「私なんかいないほうがいい」と死を真剣に考え、本当に実行してしまう方すらいるのです。

でもちょっと待ってください。

あなたはそんなに人に迷惑をかけていますか？　そして、もっと言えば、そもそも人に迷惑をかけることが、そんなに悪いことでしょうか？

私の知り合いに、インドネシア人と国際結婚され、インドネシアで暮らす日本人女性がいます。

この方がインドネシアで暮らしている中で一番衝撃を受けたのは、「迷惑」についての考え方の違いだったそうです。

日本では親も学校でも、「人に迷惑をかけないようにしましょう」と教えられて育ちます。

ですが、インドネシアでは、「お前も人に迷惑をかけて生きているのだから、人の迷惑も許してあげなさい」と教えられるそうです。

考えてみれば、人の数だけ思いや意見が違います。

誰かのために善かれと思ったことが、他の人の迷惑になることがあるのです。だから正確には、人に迷惑をかけていない人なんか存在しないのです。

となれば、何が迷惑で何が迷惑でないかを議論して、ルールを増やして、息苦しくなっているのはあまりにも不毛です。

もっと広い視点に立って考えてみましょう。

例えば野菜にとっては、刈り取られて人間に食べられることは迷惑なことかもしれません。

でも、人間が食べてくれて生存して排出される二酸化炭素と排出される糞便の養分と種のおかげで、自分の子孫がまた成長できます。

さらにその子孫がまた食べられてとお互いに頼り頼られてを繰り返すことで、世界は、そして地球は続いていくのです。

「自分がしてほしくないこと」は、できるかぎり人にはしない。

けれども、どうしても迷惑をかけてしまった時には、罪悪感で自分を否定し、傷つけるのではなく、次に誰かに迷惑をかけられた時に許してあげる。

「迷惑」を不快の連鎖ととらえるのではなく、「お互い様」「許してくれてありがとう」と、感謝の連鎖としてとらえることで、見える世界が180度変わってきます。

迷惑＝感謝という思いに至れば、その時にはもう迷惑という思い、そして罪悪感という感情は煙のように消えてなくなります。

迷惑をかけずに
生きるのは不可能。
だから人の迷惑も、
自分の迷惑も
許してあげよう。

大事なのはどっち？

人生の形状は、「螺旋階段」

ある患者さんから、「生きることに苦しくなって、様々な本を読んだのですが、『自分のために生きなさい』という本と、『他人のために生きなさい』という本があります。正反対のことが書いてあって、迷います。どうしたらいいですか？」という質問を受けました。

確かに、「自分を犠牲にする必要なんてない。自分のために生きなさい」というテーマの本と、「人のため利他の精神で生きると道が開ける」というテーマの本が書店のしかも同じ棚に並んでいます。

そして、どちらももっともなことが書いてあるので、迷ってしまうのもうなずけます。

場合によっては、「お前は自分のことばかり考える自己中だ」と否定されたり、「いつも人のことばかり。もっと自分を大切にしなさい」と注意されたり、どうしたらいいの！　と悩んでいる方もいるでしょう。

はっきりと言います。この二択において大切なのは、どちらも正解だということです。


例えば、ある塔から景色を眺めるとしましょう。

その塔の南側には森林が。

北側には都心の高層ビル群が見渡せます。

日中は南側の木々が秋に色付き魅せる、自然の美しさには何も敵いません。

しかし、夜の北側の高層ビル群の夜景はまさに100万ドル。

それは、少しでも、人が快適に暮らせるようにという、多くの発明家や建築家、工事現場で働く方の汗と想いの結晶です。

この場合、どちらの景色がきれいかについて対決してもあんまり意味がありません。

自然も夜景も、両方美しい、両方正解。

人生は、この塔を上る螺旋階段のようになっています。

人のためにと身を粉にして働き、疲れ果てて、自分を生きようと180度違う景色を見るために長い螺旋階段を上るのもよし。

また、自分勝手に生きすぎてしまい孤独や虚しさを感じたため、180度移動して、他人の喜ぶ顔に満足感を感じるのもまたよし。

こうして違う景色を何度も何度も繰り返して生きていくのが人生なのです。

人によっては元の景色に戻るだけなので、自分は無意味な努力をしてきたのではないかとがっかりする方もいるかもしれません。

しかし、これは螺旋階段。景色が元に戻ったということは、ちゃんと階段を上った証拠。そのステージは上がっています。

つまり、あなたは経験を通して確実に成長し、前よりも高い視点から全体を見渡せるようになっているということです。


何度も何度も同じ景色を眺めては、少しずつ成長して、塔を上る。

そうやって塔の先端に立ち、360度グルッと見渡せるようになった時。

もうどっちの景色が良いかなんて悩みは消えているでしょう。


その時のあなたがこぼす心からの笑顔は、自然と周りを笑顔にします。

おっと、自分も周りも同時に幸せにすることは不可能ではないようですよ。

プラスとマイナス、
都会と自然、
そんな両極の景色を
何度も繰り返すのが人生。

感情コントロール

姿勢と呼吸により、感情は操れる

私が20歳の浪人中から続けていることの1つに、「肥田式強健術」というものがあります。

肥田春充という天才が第二次世界大戦以前につくり、日本中でブームになった呼吸体操法です。１９０２年には当時の郡是製絲、現在のグンゼ株式会社の体育として全社でも取り入れられました。

著書の中で肥田先生は、

「恐怖の感情が生じそうな時に、横隔膜を押し下げると、心臓が少しも圧迫されないので、恐怖の感情が全く生じない」と書かれています。

やり方としては、上半身を全体的にリラックスさせ、下半身に力をこめます。

これは、『鬼滅の刃』の主人公・炭治郎の全集中の呼吸にも似た呼吸法で、これを行うととても落ち着いて不思議と不安がなくなります。


ここで大切なことは、姿勢と呼吸により、感情がコントロールできてしまうということです。


みなさんは、感情に振り回されてしまうことはありませんか?

むしろ情緒的な日本人は、感情自体を「私」と感じている人が多いのかもしれません。

でも、もし姿勢と呼吸を変えることで、その感情がおさまってしまうとしたら、感情はあなたそのものではないのかもしれないのです。

また、スポーツマンの方に比較的自信がある人が多いのは、ある程度自分の体をコントロールできる感覚があるからです。
なぜだか分かりますか。それは言い換えれば、
体をコントロールできる＝自信
体をコントロールできない＝不安
ということ。つまり感情を安定させるには、体を安定させればいいわけです。

不安でどうしようもなくなったら、物事をポジティブに考えることは大切です。
しかし、物事をポジティブにとらえようとして行き詰まることもありますよね。
それでもいいんです、そんな時は、まずは、呼吸をしてみましょう。

1つ目はマインドフルネスでよく教えられる呼吸法です。
マインドフルネスとは、心を「いま」に向ける方法として精神科の認知行動療法の1つとして取り上げられているものですが、ここでは呼吸法を例に挙げます。

4秒で吸って、4秒止めて、8秒で吐く。

だいたいでいいので頭の中で数を数えて1分間に4回程度の呼吸をしてみましょう。そうすると、高ぶっていた緊張のための交感神経が静まり、リラックスのための副交感神経が優位になっていきます。

これを2分ぐらい行ってもらうとだいぶ体が楽になって、心に不安がなくなるのが分かります。

もう1つは、チベットに伝わる呼吸法です。

まず、息を4秒ぐらいで吸って、4秒ぐらいで吐きますが、息を吸う時に、「体は」と心の中で唱え、息を吐く時に「緩まる」と心の中で唱えながら呼吸をします。

この緩まるの時に、体の全体の力が抜けて緩まるイメージを行います。

次にまた、4秒ぐらいで吐きますが、息を吸う時に、「私は」と心の中で唱え、息を吐く時に「微笑む」と心の中で唱えながら呼吸をします。

「微笑む」の時は実際に口角を上げて微笑んでください。

この時、大好きな人やペット、食べ物のことを思い出しながらやるとより効果的です。

上記を1セットとして4回行えば、呼吸も心の中でざわざわしている、いわゆる胸騒ぎも静まってきます。

「呼吸をする」「姿勢を正す」など体のあり方を変える。

ただそれだけで、気分がとても楽になります。気分が楽になると、思考も楽になり、それを続けることによって自分が、そして世界が変わっていきます。

思考を変えなくても、
体を変えれば、
心は変わる。

自信のつけ方

馬鹿馬鹿しいほど小さな一歩で自信をつける

こういう仕事をしていると、「自信がないのですが、どうやったら自信をつけられますか?」という相談をよくされます。

最近も、「パニック障がいになって5年になるのですが、いまだに怖くて電車に乗る自信がありません。このような状態では、親が死んで1人になったら死ぬしかないと絶望的な気分になります。どうしたら自信がつきますか」と相談されました。

このような質問をされた時には、私はよく補助輪の話をします。

みなさんは、三輪車に乗っている時、自転車に乗っている大人を見てどう思っていましたか？　記憶はおぼろげかもしれません。

ですがきっと、「なんで、車輪が2つしかなく不安定なのに倒れないんだろう」と思ったことでしょう。

それでも、練習を繰り返し、転んでは立ち上がり、感覚をつかむことで100人が100人、自転車に乗れるようになったはずです。

言い換えれば、先に自信があって乗れるようになったのではなく、乗れるように練習して、結果的に乗れるようになった。

つまり行動が先で、乗れる自信が後からついてきただけなのです。

自信がついてから何かをしようとする人は、補助輪なしで乗れるようになってから、補助輪を外そうとしている人に似ています。行動と自信があべこべで、これでは自転車に乗れないばかりかいつまでたっても何もできません。

このような話をすると、「じゃあ行動できない私が悪いってことね」と落ち込んでしまう方が多いでしょう。ただ、これは仕方がないことで、決してあなたが悪いわけではありません。

なぜかというと、我々人間の中に残った野性の本能の一部である、「生命保護システム」が働いてしまうからです。

動物の世界は、弱肉強食の世界。弱いものが逃げることに失敗すると、食べられて命はそこでおしまいです。

だからこそ、本能的に失敗を極度におそれます。

これは病気ではなく正常に備わっている大切な能力です。でも、原始時代から飢きんや震災、二度の世界大戦を乗り越えて、現在は失敗=死の世界ではなくなりました。ですから、この本能に振り回される必要はありません。

現在において、ドナルド・トランプ前アメリカ合衆国大統領のように、二度破産しても、世界の頂点＝アメリカの大統領になれるぐらい、失敗は大した問題ではないのです。

そこで私はある時から「失敗」のことを、こうとらえるようになりました。

「これは失敗ではない。このやり方ではうまくいかないことが分かったのだ」。もしくは、「このやり方は、私には合わないとよく分かった」と。

そう思えば、失敗は、苦々しい過去ではなく、貴重な経験となります。

その後の自分の道が正しいということを確信させてくれる人生のコンパスとなるのです。

医師は病院に雇われて仕事をする「勤務医」と、自分で病院やクリニックを始める「開業医」に分かれます。私が最後に勤務していた病院は、人気のある病院で1日約100人の患者さんを抱えていました。そうなると、もちろんのことながら、1人にかけられる時間が限られます。そんな状況から、話したい患者さんの思いに目をつぶって外来診療をすることに心が苦しくなっていました。

それでも押し寄せる患者さんを診ないわけにもいかず、気づいたら13年の月日が経ち……。

「私は勤務医に向いていない」というある意味、失敗経験を13年かけてしみじみ味わい尽くしました。

しかしです。だからこそ、自信があるなしにかかわらず、税理士さんや社労士さんに毎月お金を払いながら、患者さんの命の全責任を引き受けなくてはならない開業医を「自分に向いている仕事」として胸を張って続けられているのです。

パニック障がいになって電車に乗るのが怖くても、まずは駅までは行ってみる。大丈夫だったなら、次は入場券を買ってホームまで行って帰ってくる。

それができたら11時ぐらいの空いている時間帯で一駅だけ乗ってみる。

そうやってステップを踏んで、目的地まで行ってみる。

そうして、小さな枝葉を元にたき火を燃やすように、自信の火をくべていく。

失敗を恐れて何も行動しないのはもったいないといえます。

まずは馬鹿馬鹿しいほど小さな一歩でいいので、自信をつける前に行動してみてください。

「まずは行動してみる」それが自信の一番確実なつけ方です。

失敗は存在しない。
うまくいかない方法が、
見つかっただけ。
そう思って、
まず行動してみる。

幸せの数え方

失くしたものを数えず、いまあるものを大切にする

コロナ感染拡大により、多くの方が、先の見えない不安や自分が職を失う恐怖に怯えていらっしゃるかもしれません。

ひょっとしたら、実際に解雇されたり、自分の店を閉めざるを得ない状態だったり、毎日の生活さえもとても苦しく、つらく絶望の真っただ中にいる方もいらっしゃるかもしれません。

実は私もその1人でした。

クリニックから歩いて400mの保育園でクラスターが出た時は、通院患者さんが極端に落ち込みました。

さらに院内をコロナ仕様にするのが非常に大変でした。

コロナ騒動初期にはマスクが手に入らず、いろいろ手を尽くしました。知人のつてを頼って、マスクを輸入する会社から1枚120円で4千枚単位のマスクを買ったり、アクリル遮蔽板をネットで注文したり、院内の消毒用のアルコールジェルを手に入れるために走り回ったりと、毎日大忙し。遮蔽板で分断され慣れないマスクをしながらの診察も、最初はとても違和感がありました。

このような状態の時、いままで当たり前のようにやれていたことに制限がかけられ、いまがうまくいかないと思うと、人は未来に対して不安を感じます。**その現在の思うようにならない状況を前提に、また未来のことを考えてしまうので、さらなる不安が積み重なり、ついには絶望に至ります。**

そして、最後には、「このつらい状態がずっと続くならば、生きていても苦しいだけだから死んだほうがいい」と死を選んでしまうのです。

しかし、大切なことは、いまの苦しみがずっと続くというのが錯覚であると認識することです。

例えば、アクリル遮断板越しで、医師も患者もマスクをしながら相談に乗ることは1年前ならありえないことでした。

それがいまではすっかり慣れて普通の光景になりました。

企業の努力で、マスクも豊富に市場に出回り、価格も普通に戻りました。

スペイン風邪がそうであったように、この状況は一生続くわけではありません。

人類が免疫を獲得したり、ワクチンが開発されたりして、必ず克服されます。

あなたが苦しいのは、いまのこの苦しみが、これから未来にかけてずっと続くとの思いからです。

先ほども申し上げた通り、それは錯覚なのです。

その錯覚から抜けるためには、そのスタート、いまを否定的にとらえることではなく、いまを肯定的にとらえることが大切です。

例えば、たった180年ほど前のことです。

日本は当時、天保の大飢饉（1833－1836）。

秋田藩では食べるものがなく家の土壁を食べる人が続出。

人口も40万人から30万人に減少したといわれています。

そのような悲惨な状態に比べて、現代ではほとんどの人が食べるものに困っていません。

また、以前であれば特定のつながりからしか得られなかった情報が、目の前のスマホを通して一瞬で手に入ります。

交通費をかけて図書館に行って、書棚を探し、その中から必要な本を見つけ、さらにその何百ページもある本の中から必要な情報を探すという手間を、Ｇｏｏｇｌｅのような検索エンジンが2秒で調べてくれます。

この本を買うだけのお金があること。そして、読む目を持っていること、新しくはないけれど着るものを持っていることなど、「持っていないもの」ではなく、「持っているもの」に目を向けて、それに感謝してみてください。

人間はいつか死にますが、死ぬ時には地位も、名誉も、お金も持ってはいけません。

持っていけるのは本当に大切な人との思い出だけです。

究極的には、人生の最期にはすべてが強制的に取り上げられるので実は持っていなくても何も問題がないのです。

そんな身の回りの豊かさに気が付ければ、「コロナの中なのに、よく自分はやっているな」「店はなくなったけど、家族は元気でいてくれるな」といまの自分を肯定でき、不安や恐怖などの否定的な感情は消え、肯定的な感情が必ず訪れます。

そして、その感情は肯定的な未来へとつながっていきます。

「失くしたものを数えて嘆かず、いまあるものに感謝して、良い気分で生きる」

まずはそれを大切に生きてみてください。

「持っていないもの」ではなく、
「持っているもの」の数を、
数えてみる。
身の回りは豊かさで溢れている。

立ち止まらない

罪悪感は自分も周りも不幸にする悪魔の感情

私には医師として尊敬し、父のように慕っていた精神科の医師がいました。

その恩師とは、以前一緒に働いたことがあり、精神科医としての患者さんを診るイロハを教わりました。

人が喜ぶことが何より大好きで、地道に医療に取り組んで、患者さんを笑顔にするだけでなく、後輩医師にしょっちゅうお寿司やステーキを奢ってあげて、楽しそうに飲んだり食べたりする姿をいつも微笑みながら眺めていました。

それだけなく、私を子供のように可愛がってくれて、私の父が入院した時にはわざわざお見舞いに来てくれたほどでした。

その先生がある日、自殺してしまいました。

病気の家族のことを苦にされたのか、仕事で悩まれていたのか、原因はいまもって分かりません。

でも、私の心の中は喪失感でぽっかりと穴が開き、その穴は「自分が助けられなかった」という罪悪感でいっぱいになりました。

さらにその罪悪感をエネルギー源として、次第に、もっと一緒にお酒を飲んでおけば良かったという後悔や、どうして相談してくれなかったのだろうという怒りにも似た感情や、これから医師として誰を頼って生きていけばいいのだろうという不安もよぎり、最終的に私自身がうつ状態にまでなってしまいました。

罪悪感。私も嫌というほど味わいましたが、これほどまでに、人を苦しませる感情はありません。

特に、お父様やお母様、ご子息を自死でなくされた方には、さけて通れない感情で、何年も何十年も罪悪感にうちひしがれて暮らしている方も多いと思います。その感情に飲み込まれそうになる気持ちは痛いほど分かります。

もし私が精神の不調がなかなか良くならない患者さんから「私はなんでこんなに治らないんですか?」と問われたら、「理由は罪悪感です」と即答すると思います。

そして、こうも言うでしょう。

その罪悪感は、絶対に捨てたほうがいいと。

なぜなら、その罪悪感は自分を、そして、残された自分以外の大切な人をこれほどかと思うくらい不幸にしてしまうからです。

想像してみてください。

あなたは、双子の兄弟のお母さんで、子供たちを女手1つで育てています。

2人の3歳の誕生日にピクニックに行きたいとせがまれたある日。

朝4時に起きて、サンドイッチとから揚げを作って、ピクニックに出かけました。

お弁当も大好評で、天気も良く小鳥も鳴いて、とても幸せ。

あったかい太陽の下で、あなたはついうたた寝をしてしまいました。

気が付くと、レジャーシートを広げた50メートル先は崖になっていて、2人の子供が転落しそうになっています。

慌てて助けに行きますが、2本の手で2人を助けたら3人で崖から転落します。

やっと1本の手を伸ばして弟を助けることができましたが、兄はそのまま目の前で崖から転落し、帰らぬ人となってしまいました。

「自分がピクニックに行かなければ」「うたた寝しなければ」と罪悪感でいっぱいになったあなたは、眠れず、水も食事ものどを通らず、ただただ泣き暮らすだけの日々。


誰が訪ねてきてもカーテンは閉め切ったまま応対することもできません。

そんな日が何日続いたでしょうか。

気が付くと7日目の昼。はっと後ろを振り返ると、そこには、水も食事も与えられず、衰弱死した弟が横たわっていました。


これが、自分だけでなく、周りをも不幸にする罪悪感の正体です。

反省心に似ているので、自分の心にたやすく侵入します。

そして、多くの人の心を蝕み続けてしまうのです。


人間は必ずいつかは死にます。

その命は儚くもろいもので、だからこそ尊いのかもしれません。

恩師には、できれば生きていてほしかった。

どんなに悩んでも、どんなにみじめでも、どんな手段を取っても生きていてほしいと思いました。

でも残された私たちが、その「死」にいつまでもとらわれて、自分の人生を生きられず、家族に気を使わせて生をおざなりにしてはいけません。

亡くなったあなたの大切な方は、あなたが罪悪感で泣き続けることを本当に望んでいるでしょうか？

私は仕事がら、うつ病や躁うつ病の方を診察することが多く、どんなに細心の注意を払っても、時に担当患者さんが自殺されることがあります。

そのたびに罪悪感に負けそうになり、くじけそうになりますが、そこで立ち止まっては他の患者さんの治療が止まってしまいます。

だから、前を向いて笑顔で自分の心と体を整えて、いま生きている患者さんの幸福を考え、自分の使命を果たしたいと思います。

あなたにもきっとできます。

さあ立ち上がって、一緒に始めましょう。

罪悪感は、捨てる。

なぜなら、その罪悪感は
すべての人を不幸にする
強烈な感情だから。

宝もの

命とは、天から与えられた期限付きの時間

東日本大震災から10年が経ちました。

私は当時東北の海沿いの病院で働いていたので、様々な体験をしました。

近くの体育館に運ばれてくるたくさんのご遺体、ガソリンがなくなり何泊も病院で床に雑魚寝しながら続けた診療、支援物資が救急病院に集中し、配給がままならず、かつおふりかけとマヨネーズをかけて食べた白米などいまでも鮮明に思い出します。

その当時の診療の中で、自分が担当していた患者さんもたくさん亡くなり、患者さんの家族も大勢亡くなりました。大切な人を失うということがどういうこと

かをたくさん学ばせていただきました。

私たちは、どうしても大切な人が亡くなると、様々な思いにとらわれてしまいます。

あったものが急になくなり、心の中に大きな穴がぽっかりと開いてしまったような「喪失感」。

自分がうまく対処できていたら大切な人は死ななかったのではないかという「罪悪感」。

自分だけを置いてどうして向こうの世界に行ってしまったのだろうという「怒り」。

これから大切な人の支えのない自分がどうやって生きることができるのだろうという「不安感」。

自分のすべてが終わってしまったような「絶望感」。

様々な感情が襲ってくるたびに、何かを責めたくなったり、自分を責めてしまったりして、頭の中が混乱してこれからどう生きていいか分からない状態になると思います。

そのような状態になるのは当たり前のことで責めるつもりは全くありません。でも、何を目標に生きればいいんだと悩まれる方がいたら、ちょっと話をさせてください。

東日本大震災の時に、妻の知り合いのAさんは、祖父母を車に乗せて避難所に車で向かいました。しかし、途中で津波にあい、車は流されてしまいます。次第に車の中に水が入ってきて、窓ガラスを割って車から脱出しようとするAさんに、おばあさんは、「あんただけでも逃げろ」と差し伸べた手を払いのけ、津波に飲み込まれていきました。

そのあとAさんは、津波の中に混じった大木で肋骨を骨折しましたが、漂流する木につかまり、なんとか助かりました。

津波が引いた後、発見された車の後部座席には祖父母が折り重なるようになって亡くなっていました。

その姿を見たAさんは、助けられなかった後悔と、自分だけが生きていることに対する罪悪感に苦しみ、一時は死ぬことばかりを考えたといいます。

確かにこの状況ではAさんが後悔や罪悪感を感じて、「死にたい」と思ってしまうことは仕方のないことかもしれません。

震災後の外来では、毎回「亡くなった2人の息子の所へ行きたい」と涙を浮かべて訴える方や、愛する妻を亡くして以来、抜け殻のようになった方など、同じ思いをされている方に数多く出会いました。

でも亡くなった方は、本当にそれを喜ぶでしょうか?

私は、残された者が生きる上で大切なことは、亡くなった方がしてほしいことをしてあげて、してほしくないことをなるべくしないということだと思います。

おばあさんがAさんにしてほしかったこと、それは自分の分まで幸せに生きること。だからこそ、あえて手を離したのです。

だとしたら、罪悪感に押しつぶされて死んでしまうのではなく、大切な人が亡くなったことで学んだ愛や、経験を通して分かったことを糧に、いまを全力で生き切る。

もし何もする気力が起こらなかったら、生きているだけでも十分です。

自分の意思に反して寿命のくる前に亡くなった方にとって、一番してほしくないことは自ら死んでしまうことです。
そして、一番してほしいことはきっと、寿命の限り生き続けることだと思います。そう。ただ生きること。

命とは、天から与えられた期限付きの時間です。
必ず終わりがあります。

ギフトなら与えられる限り、受け取りましょう。
それが、ギフトを受け取れず、亡くなった方への唯一の供養。
後悔や罪悪感などの感情に振り回されず、ただ生きてみましょう。

生きている人が
できることは、
生きること。
生き切ること。

おわりに

この文章を書いているのは、２０２１年2月14日です。

先日には東日本大震災から10年を思い出させるかのような、震度６強の地震がありました。そして、新型コロナウイルスはいまだ収束せず、ＮＨＫでは渋沢栄一の大河ドラマが始まりました。私はそれを見ながら、これから始まる新しい時代のことを考えていました。

渋沢栄一は明治、大正にかけて活躍した実業家で、現在のみずほ銀行、ＪＲ、帝国ホテル、王子製紙など、設立にかかわった会社は約５００社。日本の資本主義の父といわれている方です。

渋沢栄一が活躍した時代は、それまで、士農工商といって、武士が偉く、お金をやり取りする商人は身分が下でした。

しかし、資本主義社会によって、武家や貴族など、武力を持っていたり家柄が良い人が一番偉かったりという時代から、民衆でも、お金やそれを生み出す会社をたくさん持っている人が一番偉いという時代に変化しました。


それはまるで、砂時計をひっくり返したかのようだったでしょう。

一番上にあった砂は、一番下に押しやられ、奈落の底に落ちていく。

そして、最下層に押しやられていた砂たちは、努力次第で上に成り上がっていけたのです。


2020年。新型コロナウイルスによる世界的な構造の変化により、明治維新に負けないほど、砂時計はもう一度ぐるんとリセットされました。

例えば、これまで会社の社長になることは、出世競争という人生ゲームのゴールとされてきました。

ところが、コロナで売り上げの見通しが立たない現在は、社長になることで多くの苦労や責任を背負うので、誰もが嫌がります。

その結果、これからの時代は、無理して体を壊してでも働いて偉くなるというより、そこそこ働いて、その収入の範囲で自分の時間を楽しむ人が、増えるでしょう。

また、以前は、ブランドのバッグやファッションに身を包んで、一生懸命お化粧をすることで、人がきれいだね、素敵だねとほめてくれました。

いまは、マスクをして、アルコール消毒をして、コロナにかからないようにするのに精いっぱい。自分や他人のファッションに気を使っている余裕はありません。

これからは、お化粧をして外側の美しさを競う時代が終わり、心に良い本を読んだり、体に良い食材を食べたりして、細胞1つ1つから美しくなるような、内側の美に人々の意識が向かうと思います。

さらに、いままで日本では学校のクラスや町内会、会社などの集団でまとまって何かをするという社会でした。そこでは忍耐力と協調性があることが一番の能力で、それに馴染めない人は、素晴らしい才能があっても、それを発揮できずに埋もれて終わりました。

一方で、いまは、不要不急の会合が禁止される時代。思いを共有できる大事な人とだけ少人数で会ったり、自分の想いをインターネットで発信して、そこに共感する人だけが集まりつながっていくという、才能と発信力と共感が中心の世の中に変わっていくのです。

精神科外来で、1日50人の方を診察すると、だいたい日に2人ぐらいは「死にたい」とお話しされます。言い換えると、年に約500人、20年で、約1万人の方から「死にたい」と言われて来ました。

でもそのうち99%の方は、本当に死にたいのではありません。いまの苦しい状況から逃がれたくて、人生をリセットしたいという思いを「死にたい」と誤解されていました。

医師として、この誤解をどうしたら分かってもらえるかと悩んでいた時に、新型コロナウイルスの非常事態宣言は出されました。

新型コロナウイルスによって世界中が混乱し、こうあるべきとか、これが正しいとか、過去に積み重ねてきた常識が通用しなくなりました。

みなさんも、何を基準に生きていいのか。不安におびえているかもしれません。

ただ、逆にこれは、「これが正しい」とか「ちゃんと生きなければ」という制限から外れて、生きなおすのにちょうどいい、大チャンスなんです。

なぜなら、死ななくても、時代が勝手に生き方をリセットしてくれたから。

だから、もう一度生きてみませんか？

過去を手放し、流れるように風に乗って自分の人生を生きてみませんか？

追い風が来たら、背中を押してくれたチャンスと思って、感謝して乗ってみましょう。きっともっと前に進めますよ。

向かい風が来たら、自分が成長するチャンスと思って、ワクワクしながら挑戦しましょう。きっとより高く飛べます。

どちらの風が来ても、思い切り楽しむことができるんです。

生きるって、そんなに難しいことではありません。
あなたは、あなたのままでいいんです。
生きているだけで素晴らしい。
本当に大切な人と自分の時間を大事にしてください。
人に左右されない、新しい時代、本当の自分の人生を生きましょう。
たった一度のかけがえのない人生なのですから。

さて、この本を制作するにあたり、「世の中に絶対に必要な本だ」と背中を押してくれた斎東亮完さん、
企画から携わり、この本に魂を吹き込んでくれた山本時嗣さん、
バラバラの原稿を丁寧に編み上げてくれたサンマーク出版の岸田健児さんに心から感謝したいと思います。
そのほか、この本に携わっていただいた多くの方々に感謝します。
そして何十も原稿を読み込んでくれて、表現や単語の1つ1つまで気を配って

考えてくれた妻の凛、本当にありがとう。
最後に何よりも、誰よりも、ここまで読んでくれたあなたに感謝をさせてください。
この本を手に取ってくれてありがとう。
この本が、間に合ってくれて良かった。
生きていてくれてありがとう。

平　光源

平 光源 Taira Kougen

東北のとある精神科を営む、精神科医。
薬に頼らずに1000人の心の病を寛解させたことが評判となり、現在では3か月先まで予約が殺到している。

ブックデザイン　喜來詩織（エントツ）
カバーイラスト　石山さやか
P70本文イラスト　藤井アキヒト
作家プロデュース　斎東亮完、山本時嗣
校正　ペーパーハウス
DTP　朝日メディアインターナショナル
編集　岸田健児（サンマーク出版）

あなたが死にたいのは、死ぬほど頑張って生きているから

2021年4月1日　初版印刷
2021年4月10日　初版発行

著　者　平 光源
発行人　植木宣隆
発行所　株式会社サンマーク出版
〒169-0075
東京都新宿区高田馬場2-16-11
（電話）03-5272-3166
印刷　株式会社暁印刷
製本　株式会社若林製本工場

ISBN978-4-7631-3889-7　C0095

ホームページ　https://www.sunmark.co.jp/